INTENCIÓN

INTENCIÓN

10 MANERAS DE HALLAR
TU PROPÓSITO
DE VIDA

DANI SULLIVAN

cincotintas

CONTENIDOS

ACERCA DE QUIEN ESCRIBE

Me llamo Dani Sullivan y me dedico al trabajo social. Soy un ser humano no binario y neurodivergente que practica la conexión a través del trabajo social clínico, la terapia y la educación. Fundé Intentions Therapy, una pequeña clínica que ofrece curación individual, grupal y de relaciones, con sede en el sur de Florida, en los EE. UU. Discernir cuál es nuestro propósito es el primer paso para vivir con intención y constituye una gran parte de la terapia. Por eso, mi práctica terapéutica se llama terapia de intenciones.

Me apasiona la autoaceptación y sintonizar con las partes más vulnerables del yo con compasión, sin prejuicios y con dignidad. Mi trabajo social hunde sus raíces en la narración de historias, la organización comunitaria y la justicia restaurativa, y me apasiona enseñar autocuración y la curación de relaciones para el bienestar colectivo. Mi trabajo desafía las narrativas de división, separación, miedo y desesperanza al mantener un espacio para que las personas abracen plenamente su identidad, expresión y experiencia. Enseño a personas de todas las condiciones a reducir las prisas, saber escucharse, conocer su cuerpo y alcanzar la curación salvando cualquier obstáculo. Este proceso se puede resumir en la frase «vivir con intención». La vida intencional se alinea, sintoniza y se basa en la verdad de nuestras necesidades, ambiciones, limitaciones y circunstancias.

Mis valores fundamentales son la diversidad, el autorrespeto y la conexión digna. Me baso en gran medida en el modelo relacional neuroafectivo, la atención plena somática y la sanación basada en la identidad a través de la lente del feminismo interseccional y la liberación colectiva. Mi intención con este texto es hacer más accesibles mis aspectos favoritos de la terapia. Cada persona necesita recursos para acceder a la nutrición, comodidad, conexión y curación, pero pueden ser costosos, incomprensibles o incluso imposibles para muchas personas y por muchas razones. Cada ser humano es digno y merece atención individualizada, tiempo y espacio para hallar su camino, así que estoy aquí para enseñarte a ofrecerte este cuidado, tiempo y espacio para ti.

Con este libro, la persona que se sienta perdida, confusa o desconectada de su propósito establecerá intenciones claras y sinceras y hallará nuevas formas de ser. Con ejercicios interactivos y técnicas accesibles que puedes implementar de inmediato, te invito a restaurar la relación con tu ser interior y deshacerte de las dinámicas de miedo, negación, vergüenza y desconexión. Desprenderse de las creencias subconscientes que atenazan nuestra vida nos permite hallar un espacio fértil para plantar semillas de esperanza, hermandad y dignidad.

AUTOSANACIÓN PARA EL CUIDADO COLECTIVO

1

Querida persona lectora:

¿Estás buscando curación? Debe ser así si elegiste este libro, o alguien debe estar cuidando de ti.

La mayoría de las personas que buscan aclarar sus intenciones persiguen la curación. Y si has llegado hasta aquí, sabrás que esta es mi invitación para trabajar en ti a fin de mejorar al resto de las personas. No se trata de un castigo, sino de una invitación enviada a través de este texto para aclarar tus intenciones y curarte. «Trabajar en ti» es difícil y es un proceso que dura toda la vida. Vivir con intención es una posibilidad para cualquiera que busque comprometerse con este proceso y practicarlo de por vida.

Solo quiero que sigas leyendo si quieres trabajar en ti. Si no es lo que buscas, este libro no es para ti. Las invitaciones son solo eso, una elección: puedes responder a esta invitación como quieras. No hace falta un «sí» convencido ni un «no» rotundo. Puedes situarte en cualquier lugar del espectro entre el «sí» y el «no». Para continuar, solo necesitas la voluntad de escucharte a ti misma.

Piensa en las palabras que lees aquí lo suficiente como para oír tu propia voz interior.

El resto consiste en viajar a tu interior para buscar claridad.

¿BUSCAS SANACIÓN?

Podemos sanarnos aclarando nuestra intención, enfocándonos en la esperanza y moviéndonos por nuestro entorno con propósito. En mi trabajo social clínico y de terapeuta, observo cómo la curación individual ejerce un efecto dominó en las familias, las relaciones y el mundo que nos rodea.

Aprender a vivir con intención requiere conectar contigo: tu verdad, tus necesidades, tus experiencias y tu corazón. Y, con frecuencia, eso puede ser aterrador. Pero no temas: de la misma manera que puedes aprender a cocinar o montar en bicicleta, puedes aprender a conectarte con tus deseos y conocerte. Este trabajo se basará en herramientas simples de las que ya dispones, pero que precisan práctica, como reducir las prisas, usar tus sentidos y escucharte.

Estas habilidades de autoconocimiento y de bienestar social y emocional se dejan con tanta frecuencia fuera del currículo escolar que solemos carecer de educación emocional básica. Conceptos como autorregulación, atención plena, reflexión y descanso no se han integrado en el currículo académico y social. Esta es una de las formas en que fallamos sistemáticamente a la juventud, en especial cuando se halla en los márgenes con legados de trauma intergeneracional.

Espero que este texto proporcione herramientas accesibles a personas de toda condición y de todos los géneros, cuerpos, etnias y experiencias vitales. Gracias por estar ahí y por llevar a cabo la introspección para aclarar tus intenciones.

Si sigues intentando averiguar...

- Cómo cuidar de ti.

- Cómo procesar y comprender tus experiencias.

- Cómo escuchar tu interior suficiente tiempo para saber qué deseas de verdad.

- Cómo comprender tus necesidades y limitaciones.

- Cómo actuar con intención.

Esta es la educación que puedes esperar de este libro: prácticas accesibles y ejercicios guiados para aprenderlos, compartirlos y repetirlos a fin de centrar tu vida con verdad e intención. A través de este libro, espero ofrecer algún tipo de autocuración. Con frecuencia defino mi papel como terapeuta como «alguien que educa para la autocuración». No soy una persona experta en la vida de nadie más que la mía. No pretendo sanar a nadie fuera de mí. No estoy cambiando el mundo por mí, estoy cambiando mi relación conmigo y dejando que mi relación con el mundo se encargue del resto.

Así que, tú, encantadora persona lectora, eres la experta en tu propia vida. Tú la conduces y pilotas. Eres agente de cambio positivo, si quieres serlo. Toma lo que te llegue de las siguientes páginas y deja el resto.

Date permiso para cometer errores, divertirte, explorar y jugar con las diferentes experiencias y prácticas guiadas que se proponen. Al fin y al cabo, la mayoría de las experiencias, incluso las incómodas, nos enseñan algo.

SOLO TÚ ERES

QUIEN CONDUCE

¿No es un placer poder elegir los propios retos?

Cuídate y proponte abundantes intenciones.

En solidaridad,

DANI SULLIVAN,
profesional de trabajo social

¿QUÉ ES LA AUTOCURACIÓN?

La curación del yo significa la curación íntegra. Ninguna parte de ti queda relegada. La autocuración es interseccional e integradora. Es una práctica generativa de trabajo con nuestra energía y de relación con nuestra personalidad. La autocuración es una práctica de toda la vida para cuidar nuestro cuerpo, nuestras necesidades, nuestras relaciones y nuestro mundo. Es inherentemente espiritual y aclara nuestras intenciones vitales más profundas. La autocuración requiere relaciones vivas y un verdadero cuidado personal.

¿QUÉ ES EL CUIDADO COLECTIVO?

En esencia, es cuidar y preocuparse por el colectivo, que es la experiencia general de toda la humanidad. Cuando se tiene en cuenta al colectivo, se produce la unión de la división. Las uniones y las relaciones pueden crecer incluso en los entornos más hostiles. Los colectivos de cuidado son sistemas que se entrelazan en torno a conceptos de cuidado de los humanos que nos rodean, de nuestro espíritu y del bienestar cultural e interpersonal.

CÓMO USAR ESTE LIBRO

La reflexión es el lenguaje de la esperanza. Usa este libro como un espacio para reflexionar, sopesar, procesar, fantasear, establecer intenciones y conectar contigo.

Cada capítulo incluye prácticas guiadas, sugerencias de actividades y espacio para la reflexión y para escribir un diario. No te preocupes por la ortografía o la gramática. Escribe para ti. Este libro es para ti. Permítete el desorden, permítete ser solo tú.

No hay una manera correcta o incorrecta de usar este libro.

LA REFLEXIÓN ES EL LENGUAJE DE LA ESPERANZA

¿QUÉ ES LO QUE MÁS NECESITAS DE LA INTENCIÓN?

EJERCICIO PARA TU DIARIO

• ¿Qué te trajo aquí para comenzar a involucrarte con este libro? ¿Por qué ahora? ¿Estás buscando curación? Si es así, ¿de qué?

....

....

....

....

• ¿Qué es lo que más necesitas de tu viaje con el presente libro y la intención?

....

....

....

....

....

• Si aumentara un 10 por ciento tu conexión y alineación con tu propio ser, ¿qué esperarías que cambiase en tu vida?

....

....

....

....

NOTA ACERCA DE LA DIVERSIDAD Y LAS RELACIONES

La diversidad es una parte natural del ser humano. Somos muy diferentes, y eso nos une. Nuestra diversidad es nuestra fuerza. Encontrar formas de relacionarnos a través de nuestras diferencias es clave para el éxito de la humanidad.

Tener una relación con alguien es una práctica de confianza.

Debemos hacernos a la idea de que nadie es desechable. Que estamos aquí para la otra persona. Creo que cualquiera es capaz de encontrar bienestar y plenitud cuando se le da la libertad de autodeterminación y los recursos para la curación. Este libro se esfuerza por acercar la vida intencional a todas las personas, independientemente de su edad, religión, raza, clase, género, orientación sexual, capacidad, estatus legal, estado migratorio, apariencia física u origen nacional.

El trabajo de sanación requiere que consideremos las necesidades de las personas en cuerpos e identidades marginadas. Yo lo hago celebrando la neurodiversidad, enorgulleciéndome de las experiencias queer y trans, amplificando las voces y creación de artistas de etnia negra (consulta las lecturas recomendadas) y centrándome en resaltar la intersección de la belleza y la complejidad. Debemos desaprender la opresión interiorizada con el fin de encontrar la libertad para vivir nuestras intenciones. Como terapeuta y en mi trabajo social clínico, practico desde una perspectiva no patologizante. Esto significa que no veo grupos de síntomas, comportamientos, estados y experiencias como inherentemente anormales, desordenados y dañinos. No hay un mal inherente, solo diversidad natural. Veo el espectro completo de la humanidad y somos seres con la misma la diversidad, complejidad y abundancia creativa que el mundo natural del que venimos. Existe un mundo fuera de ti y un mundo dentro de ti que están aquí para ser explorados. Estos mundos presentan una red inmensa e interconectada de relaciones y energía. Esta compleja trama llena nuestro mundo de un arco iris de colores. La diversidad humana es un espectro de experiencia.

Espero detener los sistemas de opresión rechazando la creencia de que hay algo «malo», desordenado o problemático con una experiencia humana liberada y plenamente expresiva. No hay una manera correcta o incorrecta de ser, solo existe tu manera. La vida intencional requiere que seas exactamente quien eres. No necesitas cambiar para encajar en el mundo que te rodea. Perteneces aquí por el mero hecho de existir. Necesitamos desesperadamente tu singularidad. Nunca olvides lo mucho que importas.

Mereces una experiencia liberada y expresiva si la deseas, igual que el resto.

INTENCIONES Y VIDA BASADA EN VALORES

2

¿QUÉ ES UNA INTENCIÓN?

Una intención es aquello que más deseamos, lo que pediría nuestro corazón si pudiera hablar. La palabra «intención» viene del verbo «intentar»:

Intentar (verbo)

Del latín *intentare*, donde *in* señala «dentro» y *ten* «hacia»; *intentar* significa «tener ánimo de hacer algo», «iniciar la ejecución de algo», «procurar o pretender».

«Intentar» es moverse hacia el interior y hacia delante. Intentar es dirigir la atención hacia el interior, para obtener claridad y concentración, para escuchar en busca de algo.

Intención (sustantivo)

Del latín *intentio*, «esfuerzo, estiramiento» o «esfuerzo para estirarse hacia fuera». Del latín *intentionem*, «acción de estirar y esforzarse hacia delante».

Una intención es una voluntad, un deseo, un propósito o un objetivo. Una intención es un movimiento hacia algo desde nuestro centro. Las intenciones vienen de nuestro interior y nos dirigen adelante en busca de lo que queremos.

UNA VOLUNTAD, UN DESEO, UN PROPÓSITO O UN OBJETIVO

SIETE PASOS HACIA UNA VIDA INTENCIONAL:

1 Estar presente. Notar qué es estar vivo.

2 Bajar el ritmo. Hacer pausas. Estar en calma.

3 En silencio, escuchar nuestro interior.

4 Imaginar lo que queremos.

5 Llegar al meollo de nuestros deseos preguntando «¿por qué?».

EL TRABAJO ES UNA

REALIDAD DE LA VIDA

6 Poner en claro aquello que se pretende.
   Prestar atención al interior y a la intención.

7 Actuar de acuerdo con la intención.

Definir intenciones es sencillo, vivir una vida
intencional es algo más complicado.

Hay que trabajar las intenciones. El trabajo es una
realidad de la vida: no conseguimos lo que deseamos
sin avanzar hacia ello. Sigue estos pasos para vivir con
intención y repítelos a diario.

LA BRÚJULA INTERIOR

Tu ser interior lleva una brújula que te ayuda a posicionarte y ubicarte. Las brújulas tradicionales proporcionan un sentido de dirección para navegar por el planeta. Tu brújula interna te marca la dirección mientras navegas por tu vida.

En todo viaje es posible perder el rumbo. Al tratar de encontrar el camino, habrás de detenerte, hacer una pausa en la ubicación actual y usar tu brújula para saber qué dirección tomar. Luego debes usar un mapa o cualquier material de referencia para geolocalizarte.

Cuando hacemos una pausa, nos damos tiempo para descansar. El descanso es todo lo que conecte nuestra mente y cuerpo. Durante el descanso, podemos mirar hacia dentro e imaginar nuestras intenciones. Tricia Hersey habla del descanso como resistencia e imaginación en su manifiesto, que se incluye en la lista de lecturas recomendadas (p. 190). El ajuste de la intención no ocurre sin reducir la velocidad. No puedes leer tu brújula interna sin realizar una pausa.

Tenemos nuestro propio campo de energía interno, como la Tierra tiene su campo geomagnético. La Tierra presenta un polo norte y un polo sur. Estos polos opuestos se atraen, mantienen unida la Tierra. Este campo geomagnético es una de las fuerzas invisibles que mantienen unido nuestro mundo.

La aguja magnética de una brújula tradicional está suspendida en líquido y responde a nuestro movimiento y ubicación mientras viajamos. Cuando mantenemos a nivel la brújula y hacemos una pausa de geolocalización, podemos identificar el «norte magnético».

El polo norte magnético de la Tierra no coincide con el Polo Norte geográfico, o lo que llamamos «norte verdadero». El norte magnético no es estable ni fijo, nuestro punto magnético más septentrional siempre está cambiando. Lo que consideramos «norte» se mueve a medida que el campo magnético del planeta se deforma con el tiempo. Se estima que, en el último siglo, el polo norte magnético se ha desplazado casi 965 km (600 millas) hacia Siberia. Qué hermosa y natural evidencia de cambio.

Me gusta recordar que soy de esta Tierra. Soy parte de la naturaleza, una forma de vida planetaria compleja.

Todas las personas somos, en esencia, naturaleza. Así pues, de la misma manera que la Tierra posee dirección, energía y cambio, también las posee mi vida.

Para usar una brújula debes mirar hacia arriba, hacia abajo y a tu alrededor a fin de orientarte en tu mundo y entorno. Saber dónde están norte y sur para regresar a casa. Nuestra brújula interna no responde a los polos magnéticos, sino a nuestra propia percepción de lo bueno y lo malo, lo correcto y lo incorrecto.

La aguja de nuestra brújula interna apunta a nuestra verdad y nuestros valores más profundos. Es una herramienta que usar cuando se buscan la verdad y la luz. Podemos usarla para encontrar nuestro camino a casa, que es el motivo por el que estamos aquí.

La verdad es algo hacia lo que podemos orientarnos, invocar e integrar, pero nunca llegamos a «la verdad pura y completa». Esto se debe a que la verdad siempre es cambiante.

La verdad es compleja e interseccional. Encontrarla es tanto una práctica individual y personal como una necesidad colectiva y comunitaria. La búsqueda de la verdad no trata del resultado. Nunca «llegas» mientras sigues con vida, solo aprendes más sobre lo que es verdad para ti.

¿POR QUÉ FIJAR INTENCIONES?

Las intenciones nos ayudan a leer nuestra brújula interior. En esencia, nos ayudan a definir nuestra verdad.

Definir intenciones significa apuntar hacia lo que deseas para ti. Sin ellas, podemos sentir que nos falta dirección, seguridad sobre lo que nos importa, o pasión, determinación y voluntad. Es posible sentir soledad, desorientación, desconexión y falta de concentración.

¿Vas por la vida sin objetivo?

Cuando usas un arco y una flecha, primero debes detenerte para concentrarte en tu objetivo. Antes de disparar, tensas la cuerda y te recoges. Este movimiento hacia dentro es necesario para que tu flecha vuele con fuerza hacia su objetivo.

Si quieres alcanzar tus metas, deberás mirar dentro de ti. Intenta definir tus intenciones...

¿VAS POR LA VIDA SIN OBJETIVO?

QUÉ QUIERO +
QUÉ NECESITO +
QUÉ HAGO

FÓRMULA PARA DEFINIR UNA INTENCIÓN: QUÉ QUIERO + QUÉ NECESITO + QUÉ HAGO

Pregúntate:

1 ¿Qué quiero para mí?

....
....
....
....

2 ¿Qué necesito para sobrevivir?

....
....
....
....

3 ¿Cómo puedo avanzar con arreglo a mis necesidades y deseos?

....
....
....
....

FIJA INTENCIONES CLARAS

Una intención es un propósito, una declaración de misión, el porqué detrás de lo que se hace. Cada cual posee la capacidad de vivir su verdad con intención.

Las intenciones se fijan en el momento presente. Puedes fijarlas para cualquier cosa. Puedes aclarar tus intenciones para el día, el trabajo, una clase de yoga, tus relaciones con familiares y amistades, incluso tu próxima salida de compras. Las intenciones nos ayudan a apuntar en la dirección correcta mientras vivimos nuestra vida diaria.

Las intenciones son profundamente personales, no hay intenciones universales. Son únicas e individuales: cada cual sabe de sus oraciones, deseos y peticiones a la vida.

Plantéate qué necesitas sanar en tu vida y aclara tu intención con estas preguntas:

1   Si pudieras cambiar una cosa del mundo para que tu existencia fuera más alegre, expansiva, creativa y agradable, ¿qué sería?

....

....

LAS INTENCIONES SE FIJAN EN EL MOMENTO PRESENTE

2 ¿Qué necesitas en el momento presente de tu vida? ¿Cómo puedes centrarte en tus necesidades de manera que generes soluciones?

....

....

3 Si dispusieras de una varita mágica y pudieras pedir cualquier cosa, ¿qué querrías? ¿Cómo vivirías tu vida si tu deseo se hiciera realidad?

CLARIFICACIÓN

DE INTENCIONES

¿Cómo te sentirías? ¿Qué compartirías?

....

....

4 Fija una intención para tu viaje con este libro.
  ¿Qué quieres obtener de esta experiencia guiada?

....

....

CONCENTRACIÓN: UN ARTE PERDIDO

«¿En qué deberíamos concentrarnos?»

Esta pregunta hace que gran parte de mis clientes se remueva en sus asientos. ¿Por qué? Toca directamente el problema sobre el que necesitan ayuda. Con ella no pueden distraerse de lo que necesitan. Enfocarnos evita las distracciones y nos pide que identifiquemos la base del asunto. El enfoque necesario para hacer cualquier cosa con intencionalidad.

Hoy en día, la concentración se ha convertido en un arte perdido. La cantidad de ruido en nuestro mundo aumenta a medida que la tecnología y los dispositivos se saturan más de contenidos y resulta más difícil prescindir de ellos. La distracción abunda. Si te distraes fácilmente, se te olvidan las cosas y te cuesta concentrarte, quiero que sepas que no eres un caso único. El enfoque se puede cultivar a través de la práctica y nuestra experiencia del mundo cambiará si aprendemos a concentrarnos en lo que nos importa.

AQUELLO EN LO QUE NOS CONCENTRAMOS SE EXPANDE

Si dedicaras una hora a la semana a sanar algo, ¿en qué te concentrarías?

Fijar intenciones requiere que adoptemos un enfoque positivo acerca de lo que deseamos, no de lo que carecemos. Por ejemplo, «No quiero suspender este examen» es una preocupación (o una plegaria para algo que no queremos), mientras que «Soy capaz de sacar una buena nota en esta prueba» es una intención fijada con positividad.

Pregúntate:

- ¿Qué es la abundancia para mí?

- ¿Qué prácticas me ayudan a sentir más conexión con las cosas significativas?

- ¿Cómo defino el éxito?

- ¿Qué me provoca alegría?

Completa estas frases:

En mi vida, quiero más: _____, _____ y _____.

Quiero que mi vida sea _____ y _____.

SIENTE TU CUERPO

1 **Respiración consciente** Respira profundamente
diez veces. Inhala por la nariz y exhala poco a poco
por la boca. Observa la pausa entre las inhalaciones
y las exhalaciones. Siente tu cuerpo.

2 **Relajación** Siente tu cuerpo mientras respiras
profundamente. Presta atención a los puntos
corporales donde acumulas tensión. Dedica un
momento a relajar estas zonas con intención,
enviando tu respiración y presencia a los puntos
más tensos y doloridos. O sigue una sesión guiada
de relajación muscular progresiva online.

3 **Meditación con velas** Esta es una de mis
prácticas ayurvédicas preferidas que favorece la
concentración y se realiza con una vela encendida
o visualizando una vela o luz interior. Centra tu
mirada y atención en la fuente de luz y sigue los
movimientos de la llama con los ojos. Respira
hondo y relájate. Deja que cualquier pensamiento
y sentimiento que surja se derrita en la llama.
Comienza con un minuto y aumenta a partir de ahí.
Termina tu meditación cerrando los ojos, frotando
las manos, ahuecando las palmas sobre tus ojos y
ofreciéndote gratitud por la práctica. Llévate las
manos al corazón y visualiza la fuente de luz en tu
corazón. Cuando hayas terminado, apaga la vela.

VIDA BASADA EN VALORES

Los valores nos ayudan a encontrar el camino a través de la oscuridad. Son lo que nuestro corazón tiene más cerca y lo más valioso para nuestro ser interior. Nuestros valores pueden guiarnos a medida que navegamos por las elecciones y los cambios de la vida. Ayudan a saber dónde estás en relación contigo, con el resto de personas y con el mundo.

Verificar los valores es una forma segura de clarificar tus intenciones y obtener una lectura de tu brújula interna. La clarificación de valores es una oportunidad a fin de reflexionar sobre lo que es más importante para ti.

CLARIFICACIÓN DE VALORES

Lee la lista de valores de las siguientes páginas y marca entre 10 y 20 valores que te llamen.

Esta lista se basa en la de Brené Brown, con su libro *Dare to Lead*, y encontrarás más obras suyas en la lista de lecturas recomendadas de la p. 190.

LISTA DE VALORES

Amistad
Amor
Apertura
Aprendizaje
Armonía
Ascendencia
Autenticidad
Autodisciplina
Autoestima
Autoexpresión
Autorrealización
Aventura
Belleza
Bienestar
Bondad
Carrera
Cocreación
Colaboración
Compasión
Competencia
Competición
Comprensión
Compromiso
Comunidad
Conexión
Confianza
Conocimiento
Contentamiento
Contribución
Cooperación

Creatividad
Crecimiento
Crianza
Cuidado
Curiosidad
Descanso
Dignidad
Diversidad
Diversión
Duelo
Economía
Eficacia
Equidad
Equilibrio
Escucha
Esperanza
Espiritualidad
Estabilidad
Ética
Excelencia
Éxito
Familia
Fe
Fiabilidad
Futuro
Generaciones
Generosidad
Gracia
Gratitud
Hogar

Honestidad
Humildad
Humor
Igualdad
Imputabilidad
Inclusión
Independencia
Ingenio
Iniciativa
Integridad
Integridad
Interseccionalidad
Intuición
Justicia
Lealtad
Legado
Libertad
Libertad
Liderazgo
Logro
Medio ambiente
Naturaleza
Ocio
Optimismo
Orden
Orgullo
Paciencia
Patrimonio
Paz
Perdón

LOS VALORES SE CONVIERTEN EN GUÍAS PARA LAS ELECCIONES Y CAMBIOS DE LA VIDA

Perseverancia

Pertenencia

Poder

Reconocimiento

Reparación

Representación

Respeto

Responsabilidad

Riesgo

Riqueza

Sabiduría

Salud

Seguridad

Sensibilidad

Serenidad

Seriedad

Servicio

Simplicidad

Singularidad

Soberanía

Soledad

Solicitud

Sostenibilidad

Tiempo

Trabajo en equipo

Tradición

Utilidad

Valor

Verdad

Viajar

Visión

Vulnerabilidad

Añade tus propios valores:

....

....

....

....

Anota los valores que te motiven más en el siguiente recuadro.

Ahora agrupa valores similares en cada recuadro:

Ahora identifica los tres valores principales para ti:

Valor uno: ....

Valor dos: ....

Valor tres: ....

ALINEA TUS VALORES CON TU ESTILO DE VIDA

1   ¿Qué sientes al alinearte con este valor?

Valor uno: ....

Valor dos: ....

Valor tres: ....

2   ¿Qué acciones ayudan al crecimiento de este valor?

Valor uno: ....

Valor dos: ....

Valor tres: ....

3   ¿Qué personas, lugares y rutinas me ayudan a vivir según este valor?

Valor uno: ....

Valor dos: ....

Valor tres: ....

NECESIDADES PERSONALES Y PROPÓSITO VITAL

3

SINTONIZA CON TUS NECESIDADES

AUTOSINTONIZA: CONOCE QUÉ NECESITAS

Muchos seres humanos se sienten desconectados del conocimiento de sus necesidades. Nos cuesta sentir en nuestros cuerpos nuestra experiencia individual y colectiva, y poner palabras a lo que nos falta y lo que podría ayudar. Para numerosas personas, esta dificultad surge de una falta de sintonía desde la infancia. Sin un testimonio amoroso, carecemos de un espacio para explorar la propia experiencia, hablar sobre los deseos y encontrar un lenguaje para el dolor.

La sintonía es nuestra capacidad de estar presentes y testimoniar expresiones de experiencia propias y en los demás. Va más allá de la empatía para reconocer, comprender y responder relacionalmente a las necesidades legítimas y al dolor propio y ajeno.

La sintonía...

• Puede lograrse a solas y en las relaciones.

• Es como un abrazo cálido cuando se siente dolor.

• Permite que tus necesidades se vean y se escuchen.

• Regula y calma el sistema nervioso.

- Implica comunicación auténtica y vulnerable con tu persona y las demás.

- Crea seguridad emocional.

- Calma el dolor para hacerlo gestionable y regulador.

- Nos permite existir en conexión con nuestra persona y con el mundo que nos rodea.

La sintonía es de lo que tratan la terapia y la sanación: aprender que disponemos de un entorno seguro para descansar, digerir y existir en conexión con nuestra persona y las demás, sabiendo que las experiencias

LAS NECESIDADES

SON NATURALES

y necesidades que nazcan en el momento presente hallarán comprensión y cuidado, sin ser juzgadas.

Autosintonizar es simple: saber lo que necesitas. Las necesidades son naturales y evolucionan. Es posible que ahora no necesites algo, pero, al cambiar tus condiciones de vida, emerjan nuevas necesidades. Al comprobarlo y conectar con tu interior para identificar tus necesidades a menudo, podrás autosintonizar con facilidad.

Una de mis prácticas preferidas para autosintonizar es la evaluación de necesidades.

EJERCICIO DE EVALUACIÓN DE NECESIDADES

- **Necesidades corporales** Siente tu cuerpo. Para ello, baja el volumen de tus pensamientos y escucha tu experiencia sensorial. Observa dónde sientes dolor, estrés o tensión corporal. Evalúa las necesidades que aumentarían tu comodidad. ¿Qué necesita tu cuerpo? ¿Necesita descanso, alimento, movimiento o caricias?

....

....

- **Necesidades de seguridad** ¿Qué necesitas para sentirte a salvo? ¿Necesitas comunidad o un entorno seguro, protección frente a daños o amparo para tus derechos legales?

....

....

- **Necesidades individuales** Reflexiona sobre tu experiencia personal como individuo. ¿Qué necesitas para reforzar tu yo? ¿Necesitas independencia, autoaceptación, significado, respeto o espacio para explorar tu curiosidad y expresión?

....

....

- **Necesidades relacionales** Observa qué aspecto de tus relaciones podría requerir cuidados. ¿Qué necesidades sociales o de relación apoyarían tu capacidad de conexión? ¿Tus relaciones necesitan más comprensión, reciprocidad, sintonía, confianza o amistad?

....

....

- **Necesidades espirituales** Comprueba en tu corazón qué podría ayudarte a sentirte en alineación con el presente. ¿Qué necesita tu espíritu para sentirse vivo? ¿Buscas esperanza, placer, paz, belleza o un espacio para el duelo o donde practicar tu espiritualidad?

....

....

Pon punto final a tu evaluación de necesidades agradeciéndote el tiempo dedicado a investigar tus necesidades y sintonizar con tu interior.

Declaración final: «Honro todo lo que tengo y encarno hoy. Confío en mí para cuidar de las necesidades de mi cuerpo, mente, espíritu y relaciones. Me observo sin juzgarme y con conciencia amorosa. Agradezco mis necesidades, porque demuestran que estoy vivo».

Necesidades corporales	**Necesidades de seguridad**	
Agua	Estabilidad	Ausencia de peligro
Alimentos	Coherencia	
Salud	Apoyo	Seguridad física
Aire	Orden/ Estructura	
Descanso		Seguridad emocional
Refugio	Ambientes apacibles	
Placer		Entorno seguro para la expresión emocional
Aire fresco	Seguridad mental y corporal	
Espacio		
Estimulación	Tranquilidad	
Movimiento	Confianza	
Consuelo	Seguridad financiera	
Caricias		
Sueño	Seguridad de recursos	
Calor		
Rejuvenecimiento	Acceso a la salud y el bienestar	
Expresión sexual		
Cariño	Tiempo	
Alivio	Comunidad segura	
Elección		
Autonomía	Protección de daño	
Atención sanitaria	Protección legal	

CONECTA CON TUS NECESIDADES

Necesidades relacionales

Conexión	Respeto	
Apreciación	Dar afecto	
Compañerismo	Recibir afecto	
Apoyo	Conexión emocional segura	
Comunidad fiable		
Empatía	Ser escuchado/visto	
Bondad	Ser conocido/entendido	
Comunicación		
Honestidad	Ser de fiar	
Reconocimiento mutuo	Inclusión	
Sintonización	Participación	
Amor	Cercanía	
Asociación	Armonía	
Pertenencia	Compartición	
Confianza		
Amistad		
Intimidad		
Reciprocidad		
Comprensión de los demás		
Equidad		

Necesidades espirituales

Esperanza
Alegría
Creatividad
Juego
Inspiración
Propósito
Voluntad
Luto/Duelo
Servicio
Contribución
Celebración
Fe
Belleza
Práctica espiritual
Oración
Conciencia
Interconexión
Flujo
Presencia
Alineación
Paz interior
Vitalidad

Necesidades individuales

Presencia
Significado
Autocuidado
Autocompasión
Conciencia
Respeto
Curación
Consideración
Libertad
Integridad
Autonomía

Concentración
Independencia
Amor propio
Autenticidad
Autorregulación
Coherencia
Claridad
Motivación
Autoexpresión
Responsabilidad

Curiosidad
Comodidad
Ternura
Dignidad
Autoaceptación
Autoconocimiento
Crecimiento
Exploración
Descubrimiento

PONER LÍMITES

La sanación no impide tener necesidades o requerir adaptaciones. Aprender a hablar el idioma de nuestras necesidades es la forma en que establecemos límites. Vivir y cambiar los límites son partes adaptativas y necesarias del autocuidado.

La energía es la moneda de cambio de la vida. La vida es gasto y reposición de energía. En realidad, disponemos de energía limitada. Nuestras limitaciones y necesidades forman nuestros límites. Los límites nos permiten amarnos y cuidarnos al mismo tiempo que mantenemos relaciones con los demás y el mundo.

El verdadero autocuidado detiene la vergüenza que puede provocar el hecho de tener necesidades. Los límites carecen de vergüenza y requieren que hablemos de nuestras necesidades con amor.

Los límites comunican lo que permitirás o tolerarás en tu vida. Te ayudan a obtener tiempo libre, equilibrio, confianza y autoestima. El mantenimiento de los límites personales insiste en que aceptemos de manera radical nuestra realidad. Los límites requieren que seas honesto contigo y con las demás personas con quienes compartes relaciones.

Revisar los límites sirve para saber qué deseamos y para cambiar nuestra vida. Ojalá pudiera decir que satisfago todas las necesidades de mis clientes, que nuestras sesiones semanales les cambian la vida. Pero esto está lejos de la realidad y la verdad es que mis clientes son personas complejas y diversas con necesidades de vida cambiantes, de las que no cubro casi ninguna. Mi trabajo no es satisfacer sus necesidades, sino escuchar atentamente sus deseos y brindarles apoyo para satisfacer sus necesidades.

No es posible satisfacer todas nuestras necesidades en todo momento. Hay retrasos y obstáculos. Estas necesidades insatisfechas, y los obstáculos legítimos y la gratificación tardía, son una realidad de la vida.

Multitud de clientes experimentan dificultad con la terapia al principio porque están creando conciencia de las necesidades no satisfechas en sus vidas. Hablamos de los problemas, las partes atascadas y el dolor. Las necesidades insatisfechas son incómodas, nos afectan: no es una necesidad si no nos hace cambiar y avanzar hacia ella.

La revisión de intenciones es necesaria, podamos o no satisfacer nuestras necesidades de inmediato. Con mucha frecuencia, hay que dedicar trabajo y esfuerzo continuo para satisfacer nuestras necesidades a medida que surgen. Esta tarea es una realidad. Podemos llevarla a cabo en primera persona o debe ser construida en nuestro entorno por otra persona. Esto sucede a todas las escalas.

¿QUÉ PROPÓSITO TE MUEVE?

CLARIFICACIÓN DE PROPÓSITO VITAL

1   ¿Qué necesitas para prosperar?

....
....
....
....
....

2   ¿Cuál es tu mayor pasión?

....
....
....
....
....

3   ¿Qué talentos, habilidades o capacidades te
    resultan más naturales?

....
....
....
....
....

EJERCICIO DE CLARIFICACIÓN
DE LA INTENCIÓN

Revisa y fija tus intenciones centrándote de forma clara en tus necesidades y propósito.

Enfoques ¿Qué deseas más en tu vida? ¿En qué cambios positivos puedes centrarte para conseguir más éxito, alegría, conexión y abundancia en tu vida?

Necesidades ¿Qué es lo que necesitas y no has podido recibir o darte? (Usa las listas de las pp. 56-59 como banco de palabras.)

TUS NECESIDADES

Y PROPÓSITO

Objetivos ¿Qué esperas aprender o comprender sobre ti o los misterios de tu vida con esta experiencia?

Impulso ¿Qué te motiva para fijar estas intenciones? ¿Qué impacto esperas que este trabajo ejerza en ti?

CREAR UNA PRÁCTICA DIARIA FLEXIBLE

Tu práctica diaria cambiará a lo largo de las estaciones de tu vida. Para respetar de manera óptima tu cuerpo como el recipiente que te permite experimentar la vida, debes sintonizar con la experiencia corporal. En un mundo que siempre nos pide que nos esforcemos más y que trabajemos a pesar de la necesidad de descanso físico, el chequeo diario del cuerpo es una necesidad para sobrevivir y prosperar.

CUATRO ELEMENTOS CLAVE DIARIOS

1   Siente tu cuerpo.

2   Céntrate en tu interior.

3   Evalúa tus necesidades.

4   Fija intenciones.

Todos estos elementos incorporan atención plena y requieren que notes cómo te sientes y qué necesitas.

La meditación es diferente para cada persona. Significa prestar atención al momento presente, y puede centrarse en la respiración, una sesión guiada o una práctica como la plegaria o el yoga.

LA CONEXIÓN DIARIA CON TU INTERIOR ES NECESARIA PARA PROSPERAR

Muchas personas aplican la conciencia plena al hacer ejercicio o tomar el café o té por la mañana. Encuentra algo fácil y satisfactorio que puedas hacer diariamente para mirar hacia dentro, sentir tu cuerpo y conocer tus necesidades.

INTENCIONES DIARIAS

Nombra tus intenciones diariamente. Adquiere el hábito de identificar el propósito de aquello en lo que estás empleando tu energía. Recita estos propósitos en voz alta a diario. Puedes escribir declaraciones de propósito separadas para el día a día.

El propósito de mi trabajo.

....

....

....

....

....

Mis intenciones para los ratos de descanso y ocio.

....

....

....

....

Lo que valoro y deseo de mis relaciones.

....
....
....
....

Mis intenciones para mí.

....
....
....
....
....

Cómo espero pasar cada día.

....
....
....
....
....

El último paso para cualquier práctica diaria: expresa gratitud y el compromiso de seguir.

AUTOCUIDADO VERDADERO

4

EL AUTOCUIDADO ES UNA NECESIDAD HUMANA BÁSICA

¿Qué es lo primero que te viene a la mente cuando piensas en el cuidado personal? Creo que nuestra cultura de autocuidado se ha desviado de la verdad y necesita curación real. Está profundamente arraigada en el capitalismo y en un impulso por obtener ganancias. La palabra «autocuidado» se ha puesto de moda, pero tergiversada. Confundimos el autocuidado con pulir nuestro exterior: máscaras faciales, carnés de gimnasio, sales de baño y días de balneario... No me malinterpretes, me encantan estas actividades, pero no son de lo que trata cuidar de todo nuestro ser. Una de las principales intenciones de mi vida es que nos demos cuenta de lo esencial que resulta que nos cuidemos. Que curemos nuestras propias heridas. Que aprendamos el delicado y permanente arte del autocuidado como comunidad. Que centremos el cuidado en nuestras relaciones con el propio ser y con el resto de personas. Que nos cuidemos recíprocamente como cuidamos nuestro mundo. El autocuidado requiere que nos centremos en prácticas liberadoras y permanezcamos en la realidad y en nuestros cuerpos. El bienestar como personas depende de nuestra capacidad de permanecer encarnados.

Los baños de burbujas y las clases de yoga son un lujo, el autocuidado, una necesidad humana básica y universal. No cabe descartar el cuidado personal como los propósitos de Año Nuevo una vez que llega febrero. Como cultura, no podemos permitirnos ese lujo. Sin cuidado, hay angustia y sufrimiento inconmensurables. Con el cuidado, hay curación.

Hay esperanza. Hay plenitud y expansión. El estrés de pertenecer a un grupo minoritario mina nuestro cuerpo, especialmente el sistema nervioso. El autocuidado es el trabajo que invertimos en revertir el estrés crónico que es el legado de nuestra sociedad. El autocuidado es descansar, confiar en el cuerpo, escuchar los síntomas de angustia, dolor, fatiga, inflamación y sensación. Es regresar a nuestro cuerpo. Encontrar un hogar en él y conocer nuestro ser interior.

LISTAS REVITALIZADORAS

FORMAS DE CUIDARME A DIARIO

Aquí entraría desde moverse hasta rutinas de ejercicios, prácticas de descanso, actividades, rituales e incluso suplementos o medicamentos que ayuden a mantenerse saludable.

• Físicas.

....

....

....

....

....

....

- Emocionales.

....
....
....
....
....
....

- Relacionales.

....
....
....
....
....
....

- Espirituales.

....
....
....
....
....
....

MENÚ DE ACTIVIDADES DE AUTOCUIDADO PARA AYUDARME A SENTIRME MEJOR:

Elabora un «menú de cuidado personal» con actividades a elegir para ayudar a sentirte mejor. Deja este menú en algún lugar donde lo veas: cuélgalo en la puerta del frigorífico o en la pared. Recurre al menú cada vez que sientas que te has perdido y elige la actividad más indicada según la situación del momento.

Ejemplos de actividades: respirar profundamente, realizar estiramientos, escuchar tu canción o álbum favorito, escribir tus pensamientos, salir a pasear y observar aves y vida silvestre, improvisar una manualidad con lo que tengas, cocinar tu receta preferida, leer un capítulo de un libro, seguir una meditación guiada o una sesión de yoga, tomar un buen baño o ducha, beber un vaso de agua, llamar a un ser querido.

....

....

....

....

....

....

....

....

....

CREA UN «MENÚ DE AUTOCUIDADO» CON ACTIVIDADES QUE TE AYUDEN A SENTIRTE MEJOR

PERSONAS CON QUIEN HABLAR DE MIS NECESIDADES Y MI PROPÓSITO:

La mayoría necesitamos ir engrosando esta lista, de modo que hay que mantener la mente abierta sobre nuevas conexiones y tomar nota de las personas en quienes podemos confiar.

....
....
....
....
....

PERSONAS Y

LUGARES SEGUROS

LUGARES DONDE ME SIENTO LIBRE DE AFIRMARME Y ME DAN SEGURIDAD PARA EXPLORAR MI VULNERABILIDAD:

Comunidades, consultorios, grupos online, lugares de oración y prácticas como la terapia.

....

....

....

....

....

COSAS QUE ME HACEN REÍR:

¡Lo que sea! Memes, videos, libros, películas, cómics, fotos, recuerdos.

....
....
....
....
....
....
....
....

¿POR QUÉ TE ENCANTA TU VIDA?

RAZONES POR LAS QUE AMO MI VIDA:

Incluye la razón y la fecha; esta es una lista abierta.

....

....

....

....

....

....

....

....

....

....

....

....

....

....

....

....

....

....

....

....

....

ROMPE CON LA URGENCIA

RITMO DIARIO

Si somos capaces de dedicar una práctica diaria flexible para escuchar nuestras necesidades y deseos, podemos encontrar felicidad y armonía en nuestro interior. La vida fluye y los acontecimientos cotidianos siguen un ritmo. Cada día es una nueva oportunidad para encontrar el equilibrio en el ritmo de tu vida. Juega con la velocidad de tu día. Observa cómo te sientes al reducir la velocidad y tomarte descansos.

Cada persona tiene su propio ritmo vital. Pasé años juzgándome porque mi cronología era distinta a la de otras personas. Sentía que crecía demasiado rápido, pero también que iba con atraso en la curva de aprendizaje. Todavía lucho con el aguijón de la comparación, pero ahora me concentro más en la alegría de moverme a un ritmo que es adecuado para mí.

Rompe con la urgencia. No necesitas llegar rápido a ninguna parte ni aprender en un abrir y cerrar de ojos. Tómate tu tiempo para encontrar el camino a casa. El aprendizaje es un proceso de vida. Deja que el ritmo lo dicte tu cuerpo y tus intenciones sinceras. La urgencia es una respuesta traumática. Muévete lentamente y encuentra alivio del estrés crónico que has soportado. La medicina de la vida no aparece de la noche a la mañana, es gradual.

LAS ESTACIONES DE LA VIDA

Existe un flujo y reflujo en el mundo que nos rodea y el mundo de nuestro interior. La vida y la muerte conviven una junto a la otra. Habrá momentos de crecimiento y juego, así como tiempos de pérdida e hibernación. Busco en la naturaleza apoyo durante los grandes cambios vitales. La naturaleza me ayuda a aceptar las cosas, me permite acceder al perdón. La naturaleza es mi espacio seguro y conectarme con el mundo natural es mi práctica espiritual más profunda y alegre.

Las cuatro estaciones son un marco útil para reflexionar sobre las formas en que tu vida fluye.

Primavera: renovación y rejuvenecimiento, nuevos comienzos, crecimiento y fertilidad, belleza, gracia y espiritualidad. Plantación de semillas y esperanza.

Verano: optimismo, positividad y esperanza para el futuro, conexión y exploración, alegría y apertura a la inspiración, cultivo de las pasiones, imaginando infinitas posibilidades.

Otoño: abrazar el cambio, la transformación, la culminación de proyectos, cosechar y celebrar nuestro trabajo y crecimiento.

Invierno: movimiento hacia el interior, reflexión, revisión y descanso. Notar y dar nombre a la pérdida,

LA NATURALEZA ME AYUDA A ACCEDER AL PERDÓN

dejar atrás lo que ya no nos sirve, procesar el duelo y soltar, hibernar y bajar el ritmo, fijar intenciones para la próxima órbita alrededor del sol.

Tus estaciones emocionales no siempre coinciden con las estaciones del año. Hay un tiempo para todo, y todo llega a su debido tiempo. Confía en que estás exactamente donde necesitas estar en tu proceso y sé paciente. Si vienes del invierno, debes saber que la primavera llegará pronto.

HAY UN MOMENTO PARA CADA COSA

EJERCICIO PARA TU DIARIO

• ¿En qué estación te encuentras ahora mismo?

....

....

• ¿Cómo has aprendido a manejar el flujo y reflujo de tu vida? ¿Dónde hallas ritmo y armonía?

....

....

....

• ¿Cómo te reflejas en el mundo natural que te rodea? ¿Los cambios de tiempo y de estación en tu entorno ejercen un impacto en tu experiencia?

....

....

....

....

....

....

....

....

....

....

SANAR FUERA DEL ÁMBITO BINARIO ES PARA TODOS (LITERALMENTE)

5

SANACIÓN BASADA EN LA IDENTIDAD

Como persona no binaria y neurodivergente, dedicada a la terapia, mi enfoque es trabajar junto a mis clientes para cultivar la aceptación, sanar traumas complejos y buscar la autorreconciliación. Apoyo a las personas para que se conecten con su verdad, conozcan sus necesidades y deseos, y se alineen con sus valores personales. Soy una persona trans blanca, queer y no binaria con enfermedad crónica e invisible. Aquí, quiero compartir mi propia experiencia de curación basada en la identidad y de vivir fuera del sistema binario de género.

Los traumas complejos y de desarrollo son comunes en las personas queer y trans, y se ven agravados por las experiencias interseccionales de discapacidad, problemas de salud mental, racismo, pobreza y familia. Lo mismo me ocurrió en la infancia, al crecer en el seno de una familia, parroquia y sistema escolar católicos. Mi trauma religioso se vio agravado por mi sexualidad queer, trauma familiar, ansiedad y sensibilidades de procesamiento neurosensorial, y la creciente desconexión de mi cuerpo físico debido a problemas de salud crónicos, dolor y crisis de salud mental.

Sabemos que el desarrollo humano saludable se ve afectado por la opresión ambiental. El estrés de pertenecer a una minoría es real y puede ser crónico. Debido a ello, las personas queer y trans a menudo florecen tarde, y les cuesta conocer sus deseos y verdaderas intenciones. Soy testigo en primera persona de interrupciones del desarrollo, como retrasos en la autocomprensión, la autodefensa y la conexión auténtica. Mi capacidad para conectar de manera sana y segura conmigo, mi cuerpo y las demás personas sufrieron el enorme impacto de la homofobia interiorizada, la transfobia, el capacitismo y el estigma. El silenciamiento y la falta de sintonía del entorno son caldo de cultivo para la vergüenza, el autodesprecio, la disociación, la disforia y la desconexión con el propio cuerpo. Todos, síntomas del estrés de las minorías. Desaprendamos las creencias fundamentales y las estrategias de supervivencia que nos desempoderan y nos empequeñecen, victimizan y atrapan en la desesperación. La vida intencional requiere realinearse con nuestra verdad y valores actuales; esto es primordial para la autocuración.

PENSAR EN

BLANCO Y NEGRO

Una de las estrategias de supervivencia cognitiva más difíciles que más me protegió como joven queer fue el pensamiento en blanco y negro. Resulta mucho más fácil lidiar con un mundo cruel y complicado si lo simplificamos en las categorías de «bien» y «mal». Nos convencemos de que solo merecemos autocompasión, dignidad y gracia si actuamos, pensamos, hablamos o existimos de cierta manera que hemos aprendido implícita o explícitamente que es «buena» o «correcta» en nuestro mundo, a través de ejemplos de los medios de comunicación, sistemas legales y escolares, normas culturales, enseñanzas religiosas o actitudes familiares.

Deshazte de esta narrativa de que hay una manera «buena» y una «mala». Los sistemas binarios como este no dejan espacio para el crecimiento, los errores, el cambio o la complejidad. Tratar de encajar terminará haciéndote sentir en una jaula, así que libérate de este castigo. Contempla las verdades múltiples, interseccionales y, a veces, enfrentadas de tu vida. El mundo no está estancado, no es binario ni en blanco y negro. Desecha la idea de que una cosa descarta la otra. Una o ambas construyen puentes; una o ambas siembran división.

La verdad es que las personas no son ni buenas ni malas. Podemos ser agentes del bien colectivo y egoístas y estancadas en nuestros caminos. Podemos tener buenas intenciones y no saber llevarlas a cabo. Podemos tener esperanza y ser realistas. Sentir un abanico de emociones es contener muchas paradojas. Aprende a mantener múltiples narrativas escuchando voces, opiniones y personas diferentes a ti. Aprenderás mucho escuchando activamente. Asegurarse de escuchar lo que alguien dice requiere una comunicación reflexiva. Después de reflexionar sobre lo que escuchas, pregunta: «¿Lo he entendido bien?» o «¿Te estoy escuchando correctamente?». Así es como superamos las brechas comunicativas.

Nadie tiene toda razón ni está totalmente equivocado. Ese sistema binario no es útil para construir sistemas de cuidado colectivo. Eres una persona compleja, con alegrías y penas, arrepentimientos y defectos, y cosas que escapan a tu control y otras que mejorar, igual que todas las demás personas, que formamos parte de esta realidad compleja. A medida que aprendes a llenarte de gracia y ver tu propia dignidad, el perdón, la bondad y las acciones dignas hacia los demás se vuelven mucho más fáciles.

Cuando observamos de cerca las historias que se reducen a sistemas binarios como estos, solemos encontrar más giros y complejidad. Observa con detenimiento las historias (que cuentas y que escuchas) que se reduzcan a:

• Acertar o equivocarse.

• Bien o mal.

• Romper o sanar.

• Cielo o infierno.

• Blanco o negro.

Investiga el desorden que significa ser una persona humana. Observa con atención la incertidumbre. Encuentra matices, sutileza y dignidad. Descubre que el mundo es un gran embrollo. Trata de abrazarlo todo. La sanación fuera de estos binarios es para todas las personas (literalmente). Todas necesitamos abrazar nuestra naturaleza humana compleja, entrecruzada y cambiante.

Cuando tomé la decisión de salir del armario como persona no binaria y adoptar una expresión de género fluida, temía enfrentarme a cambios y pérdidas que inevitablemente acarrearía este tipo de autorrevelación. A menudo, las personas trans se ven obligadas a elegir entre visibilidad y seguridad. Me había definido como queer y había compartido abiertamente mi orientación sexual y relaciones durante casi una década, pero tenía miedo de compartir que no era una persona binaria. Era conocida como mujer, algo que simplemente ya no me parecía cierto. Al compartir la verdad sobre mi identidad de género, me preocupaban muchas facetas de mi vida: mi trabajo, mi familia de origen, mi pareja, mi estado de salud y mi acceso a la seguridad, la comunidad y la protección legal. El dolor, la pérdida y la transformación han formado parte de mi proceso de aceptación de mi identidad no binaria. Descubrí una comprensión más profunda de mí y de mi identidad de género con el trabajo de terapia que desveló capas de experiencia, traumas y disociación corporal. Al enfrentarme y trabajar estas dinámicas internas, cultivo la esperanza y el amor propio. Vivir fuera del sistema binario y tratarme con aceptación y cuidado han sido los actos más poderosos de autocompasión y liberación en mi vida. Optar por compartir mi transición y mi vida fuera del sistema binario de género es una elección nacida de la libertad y la corporalidad gozosa. La violencia contra las personas trans y no conformes con el género es real y la legislación y la violencia antitrans están en auge. Elegir nuestra verdad, nuestra alegría y nuestro amor no es simple. Es revolucionario.

Sería imposible para mí hablar de vivir con intención sin discutir mi divorcio del sistema binario. Los patrones rígidos de pensamiento, de todo o nada, son adaptaciones de supervivencia, no claves para la curación y la libertad. Debemos estudiar nuestros sistemas de creencias y cambiar nuestra perspectiva para mantener la complejidad y los matices reales con el fin de entrar en nuevas formas de vida.

Una de mis cosas favoritas de servir a personas trans, no binarias, no conformes con el género, y a personas LGBTQIA+ es verlas abrazar el autoconocimiento, la fluidez, la complejidad y el orgullo de sus identidades. Se trata de partes innatas de la experiencia queer, y también es lo que nos salva. El amor y la resiliencia queer ofrecen medicina al mundo.

Al autocurarnos, nuestra ventana de tolerancia expande nuestro acceso a una mayor autenticidad y vitalidad. Lo principal que debes entender acerca de liberarte de un sistema binario es que eso amplía tu acceso a un espectro más amplio de experiencia. Esto significa que, a medida que te permites ahondar en tu dolor, tu capacidad de acceder y sentir alegría también se ahonda. Si renuncias a los roles de héroe, villano, mártir o víctima, ¿encuentras más complejidad en las historias? ¿De qué experiencias te has estado separando solo porque temes que no sean para ti? Considera los binarios como jaulas de las que buscas liberarte. La curiosidad, la presencia y la complejidad serán tus llaves.

• ¿Qué historias (sobre ti, otras personas y el mundo) aceptaste en tu infancia como un hecho?

....

....

....

....

• ¿Cómo has redefinido la verdad al crecer y adoptar una posición más compleja?

....

....

....

....

• ¿Qué conceptos binarios, categorías o etiquetas sientes que te constriñen más?

....

....

....

....

¿QUÉ CONCEPTOS BINARIOS TE CONSTRIÑEN MÁS?

EL HOGAR
INTERIOR
Y EL ESQUEMA
DE CREENCIAS

6

REEDUCA TU INFANCIA

EL CUERPO ES EL TEMPLO QUE ALOJA A LA FAMILIA INTERIOR

La familia interior incluye tu infancia, a ti (como ascendente interior) y a cualquier otra persona a la que llames a tu mundo interior en busca de orientación y apoyo. Tu papel en la familia interior es volver a criar a tu yo más joven interior, sanar sus heridas y sintonizar con lo que más necesita. Tu yo más adulto es la parte de ti más amorosa y responsable. Eres la cabeza de tu familia interior, eres la persona adulta sabia y presente que has estado esperando. Nadie salvará las partes de ti que se sienten perdidas e inseguras; ese es tu trabajo.

Eres la persona perfecta para criar a tu joven interior, que anhela tu atención y cuidado. Esta parte tierna y vulnerable de ti vive en el hogar dentro de ti y está expuesta a lo que permites entrar en tu vida a través de tus pensamientos, sentimientos y experiencias. Con frecuencia, esta personita interior siente que la han abandonado o descuidado, como si hubiera crecido demasiado rápido.

En la infancia, es posible que no dispusiéramos del tiempo y el espacio adecuados para jugar, aprender de nuestros errores, expresarnos y ser creativos de la manera que necesitábamos. A menudo, en esta etapa asumimos los errores del entorno o de quienes nos cuidan. En la esfera clínica, esto se denomina «parentalización»: asumir las responsabilidades para las que no se contaba con preparación al crecer.

La parentalización es una forma de trauma infantil invisible que se da cuando la criatura asume los roles de quien ha de cuidarla, mediar por ella, ofrecerle apoyo emocional o paz, y se la priva de tiempo para el juego. Esto impide que sea una criatura: cuando asume demasiado estrés demasiado rápido, se le separa de las fuentes de juego, expresión, diversión y creatividad.

Como personas adultas, debemos aprender a conectar con la criatura de nuestro interior y con sus necesidades para sanarla de la parentalización que experimentó. Lideraremos de manera responsable nuestra familia interior y, al hacerlo, las partes más jóvenes que se vieron obligadas a asumir responsabilidades, tendrán la oportunidad de descansar, jugar y estar en paz.

La criatura interior permanece y necesita un cuidado amoroso, conectado y sintonizado. Contigo, puede llorar la infancia que no tuvo, encontrar maneras de recibir alegría y aprender a priorizar sus deseos y necesidades.

Siempre habrá una parte de nuestro interior que es dulce y creativa, juguetona y sabia. La criatura interior posee todas estas cualidades, a la vez que es vulnerable y requiere tu protección. Tú eres la parte adulta que ha estado esperando, la persona que entiende todo aquello por lo que ha pasado.

LIDEREMOS DE MANERA RESPONSABLE NUESTRA FAMILIA INTERIOR

CONECTAR CON TU SER DE INFANCIA INTERIOR

He aquí una práctica de cuidado para tu infancia interior que puedes usar para calmar sus preocupaciones e incertidumbres. La mejor forma de iniciar esta práctica es consultando con la criatura interior. Observa cuándo has sentido miedo, amenaza o estrés. Solo conéctate con este ser interior desde un lugar centrado y conectado a tierra. Si te incomoda o te angustia, haz algo para calmarte (consulta las diversas listas de este libro y las actividades del menú de autocuidado de la p. 76).

A veces, para centrarse solo hacen falta unas pocas respiraciones y ajustar tu postura para el ejercicio. A mí me gusta inhalar por la nariz y exhalar por la boca y repetir con cada respiración: «Estoy aquí». Una vez que sientas que serías capaz de calmar a una criatura angustiada, sigue adelante:

1   Enciende una vela, haz una pausa y respira hondo.

2   Dirige tu atención a tu interior y observa cómo te sientes.

3   Comparte tu intención con tu ser más joven interior. Háblale en voz alta, usando su nombre: «X, estoy aquí para escucharte y cuidarte».

4 Conversa con tu ser interior. Pregúntale: «¿Por qué situación estás pasando?» o «¿Qué necesitas que sepa?». Escúchale.

5 Preséntate, ponte al día con esta personita. Dile tu nombre, edad y algo sobre tu vida actual. Hazle saber que eres una versión futura suya, cuéntale cómo superaste lo que ahora le supone un desafío. Recontextualiza su experiencia.

6 Ayuda a esta personita a entender lo que está sucediendo en su vida y le preocupa. Pregúntale si querría dejar de lado parte de la preocupación y confiar en que tú te encargues de ella, como la persona adulta de su vida que le comprende y a la que necesita.

7 Observa si confía en ti y qué notas en tu cuerpo cuando deja de preocuparse. La confianza se construye con el tiempo, por tanto, si esta es la primera vez que conectas con tu criatura interior, no te apures, ve paso a paso.

8 Hazle saber lo que harás en tu vida actual para convertirle en una prioridad y que volverás a consultarle pronto. Dile que la amas, que es especial para ti. Di «Estoy feliz de que estés aquí» y «Esta relación me importa».

Repite esta práctica tantas veces como sea necesario y en el momento que creas necesario.

NUESTRAS CREENCIAS FORMAN NUESTROS PENSAMIENTOS

CREENCIAS DE LA INFANCIA

¿Qué interiorizaste mientras crecías? A todos nos contaban historias, o nos las contábamos a nosotros mismos, para hacer frente al mundo. Muy a menudo, estas historias de infancia eran versiones distorsionadas de realidades de las que se nos protegía o verdades que se nos negaban. Los secretos y la negación ejercen un impacto en las historias que contamos como criaturas. Estas historias son un mosaico hecho de suposiciones y simplicidad que nos ayudan a lidiar con lo desconocido. En la infancia somos esponjas, absorbemos lo que nos ofrece el entorno. Lo escuchamos todo y le damos sentido.

CICLO DE CREENCIAS BÁSICAS

Nuestras creencias internas están moldeadas por nuestras experiencias, y podemos explorarlas para comprender mejor las dificultades y patrones a los que nos enfrentamos en la vida. Esta actividad sobre el ciclo de creencias básicas es útil para rastrear de dónde provienen y cómo influyen en nuestros pensamientos, sentimientos, acciones y experiencias.

Comprender el ciclo

Experiencias > Creencias > Pensamientos > Sentimientos > Acciones > Experiencias

Nuestras creencias crean pensamientos. Los pensamientos incluyen las ideas y opiniones sobre nosotros, las demás personas y el mundo. Los pensamientos conforman las intenciones y expectativas. La charla interna de nuestras mentes influye en cómo nos sentimos. Los sentimientos son poderosos mensajeros emocionales que se comunican a través de complejos canales corporales por medio de neurotransmisores y hormonas liberadas por el cerebro y el cuerpo. Estas reacciones emocionales incluyen sentimientos como miedo, ira, tristeza, alegría, culpa, vergüenza, amor, disgusto...

CICLO DE

CREENCIAS BÁSICAS

Cómo manejemos los pensamientos y sentimientos dictará nuestras acciones. Nuestro comportamiento, impulsos y reacciones incluyen las maneras de gestionar las emociones difíciles o mal reguladas. La forma en que actuamos crea nuestras experiencias, que son la forma en que respondemos y nos relacionamos con los momentos y acontecimientos de la vida. Las experiencias pueden confirmar o contradecir nuestras creencias. Las creencias inconscientes influyen en la manera de vivir y moldean la propia percepción, la de las otras personas y la del mundo. Estas creencias se forjan en la infancia y pueden ser mensajes que escuchamos e interiorizamos como «verdades».

IDENTIFICA TUS CREENCIAS BÁSICAS

La identificación de tus creencias comienza por detectar temas y patrones en tus pensamientos, sentimientos y experiencias. Es posible que ya notes patrones en tu forma de relacionarte contigo y con otras personas.

Dedica tiempo a reflexionar sobre tus heridas internas. Los momentos en tu vida que influyeron en tu manera de entenderte a ti. Reflexiona sobre lo que te sucedió durante esas experiencias difíciles. ¿En qué dirección apuntaba tu brújula interna? Tu cuerpo tal vez reaccione con una respuesta de estrés al recuperar estos recuerdos y heridas.

Revisa la siguiente lista de creencias fundamentales y lee cada una de las declaraciones negativas en voz alta. Repasa toda la lista prestando atención a tu cuerpo y sensaciones al recitar estas declaraciones.

Tal vez notes que alguna afirmación te afecta de manera diferente o alcanza un nivel emocional más profundo. Escribe estas creencias. Reduce la lista a no más de 3 creencias básicas repitiendo las frases y siendo consciente de la experiencia de tu cuerpo, dejando que su sabiduría te guíe a la más fundamental de las heridas que necesitan curación.

He aquí algunas creencias básicas negativas que tal vez te suenen:

- No soy suficiente.

- Algo pasa conmigo.

- Soy un fracaso. / No hago nada bien.

- Soy una mala persona.

- Soy una carga para los demás.

- No merezco amor.

- No valgo nada. / Resulto deficiente.

- Soy diferente. / No encuentro mi lugar.

- He hecho algo malo.

- No puedo confiar en mí. / No puedo fiarme de mi buen juicio.

- Ser yo no me da seguridad.

- Estoy en peligro, no me hallo a salvo.

LAS CREENCIAS BÁSICAS DIRIGEN NUESTRA VIDA ENTRE EL SUBCONSCIENTE

- El daño que sufro es permanente.

- El mundo no es un lugar seguro.

- Mostrar mis emociones no está bien.

- No soy capaz de defenderme.

- Soy una persona indefensa. / Soy una persona inepta.

- Debo alcanzar la perfección. / Debo agradar a todos.

- No puedo fiarme de nadie. / La gente es maliciosa.

- Nadie me querrá. / No tengo a nadie.

- El mundo es injusto. / No tengo salida.

REALIZA EL SEGUIMIENTO DE TU CICLO DE CREENCIAS

Ahora que has identificado 1-3 creencias fundamentales negativas que operan inconscientemente, enfócate en estas heridas no cicatrizadas con atención e intención.

Las creencias básicas dirigen nuestra vida a través del subconsciente. Cuando no somos conscientes de las creencias basadas en el miedo, no podemos detener el ciclo negativo que crean.

El siguiente proceso te ayudará a realizar el seguimiento de las creencias básicas. Toma papel y lápiz y crea un diagrama con cinco secciones: Creencias, Experiencias, Pensamientos, Sentimientos y Acciones.

1   Primero, enumera las creencias identificadas en la sección «Creencias».

2   Pregúntate: «¿Qué pasó en mi vida que me llevó a creer esto?». Tus creencias provienen de la forma en que te relacionas contigo, con los demás y con el mundo, en función de tus experiencias. Enumera los eventos relevantes en la sección «Experiencias».

3   En la sección «Pensamientos», elabora una lista de ideas, preocupaciones, opiniones, expectativas y cualquier pensamiento relevante para la creencia en que estés trabajando. Tus creencias son el sistema operativo de tus pensamientos.

4   La charla interna en tu mente afecta a cómo te sientes. Haz una lista de tu estado emocional y reacciones a estos pensamientos en la sección «Sentimientos». No te reprimas.

5   ¿Cómo actúas cuando te sientes así? Enumera tus comportamientos, impulsos y reacciones externas en la sección «Acciones».

6   Vuelve a revisar tu experiencia. Mira las acciones que has identificado en tu ciclo: ¿cómo te están

sirviendo estas acciones? ¿Qué experiencias están creando? ¿Solo confirman tu creencia y perpetúan el ciclo negativo?

7   Crea una columna a la izquierda para desbloquear tu ciclo negativo. La clave es ralentizar las reacciones externas y actuar de manera diferente. Enumera en la columna de la izquierda las formas en que puedes responder a los mismos pensamientos y sentimientos con acciones diferentes y más constructivas.

DESAFÍA TUS CREENCIAS BÁSICAS NEGATIVAS

Si creciste creyendo que no eres suficiente y no haces nada bien, desarrollarías una fuerte crítica interna, te juzgarías duramente y te desanimarías y frustrarías. Si crees que no das la talla, actúas como si no la dieras. Nuestras acciones, y la forma en que nos presentamos en la vida, el trabajo y las relaciones, crean nuestra experiencia. Entonces, si crees, piensas y sientes que no eres suficiente, actuarás de esa manera, y tus experiencias confirmarán la creencia de que no eres suficiente.

Lo contrario también es cierto. Si actúas como si merecieras tiempo y atención, te experimentas a ti como persona digna.

Si te preguntas cómo salir de tus sistemas de creencias negativas, la respuesta es actuando de otra manera.

Depende de ti qué creencias quieres que sean verdaderas sobre ti. Si te preocupa no ser una buena amistad, trabaja para serlo y tus relaciones amistosas se transformarán. Imagina cómo pensaría, sentiría y actuaría una buena amistad y prueba esas formas positivas de ser. No tienes que imitar a la persona que eras ayer. Puedes cambiar si quieres. Puedes ser mejor si lo deseas. La gente cambia constantemente.

¿Cómo cambio mis creencias básicas? La respuesta es reaccionando de manera diferente.

CAMBIA TUS

CREENCIAS BÁSICAS

La forma en que puedes interrumpir un ciclo de creencias negativas es frenar tus reacciones y responder de maneras más acordes contigo.

Si nos damos cuenta de nuestros pensamientos y sentimientos y decidimos actuar de manera distinta, nuestras experiencias cambiarán.

Las nuevas experiencias desafiarán y contradecirán las creencias negativas. Si creías no merecer que te amaran, es posible que no sepas reconocer el buen amor cuando llame a tu puerta.

Las experiencias nuevas y positivas pueden ser incómodas si las negativas están muy arraigadas.

Si buscas alivio, deberás realizar cambios en la forma en que has estado viajando por la vida hasta ahora. La sanación requiere apertura para hacer las cosas de manera diferente y confiar en nuevas experiencias. Es mucho más fácil dejar ir lo que ya no nos sirve cuando existen nuevas experiencias a las que aspirar y aferrarse.

Modifica tus acciones y experiencias, y tus creencias se transformarán.

DA LA BIENVENIDA A TU HOGAR DE INCERTIDUMBRE

Si deseas que tu vida cambie en positivo, debes hacer frente a la incertidumbre.

La incertidumbre está garantizada cuando se prueba algo nuevo. Por lo tanto, a medida que abrazas diferentes experiencias que desafíen las creencias negativas aprendidas en la infancia, es posible que te encuentres embarcándote en nuevos e inciertos caminos.

MODIFICA TUS ACCIONES Y EXPERIENCIAS Y TUS CREENCIAS SE TRANSFORMARÁN

¿TE PIERDES EN LA INCERTIDUMBRE?

¿Te pierdes en la incertidumbre? ¿Temes lo desconocido, el futuro o aquello que escapa a tu control? No solo te pasa a ti. Pregúntate: ¿por qué he aprendido a temer lo desconocido? ¿En qué momento asumí que cuando no tengo el control suceden cosas malas?

Muchas personas suscriben la narrativa cultural de que la incertidumbre es intolerable. Es una mentalidad pesimista en la superficie y arraigada que espera lo peor del mundo. A mí eso me suena a trauma. Podemos reconocer esta expectativa negativa y luego decidir relacionarnos con la incertidumbre de manera diferente. Recuerda que la incertidumbre es neutral, no siempre es una cosa u otra.

VISIÓN RECALIBRADA DE LA INCERTIDUMBRE

En lo desconocido, hay misterio; en el misterio, hay posibilidad, y con la posibilidad, cualquier cosa puede suceder. En la vida, hay pocas cosas que podamos controlar. El control no es lo que importa. Para mí lo que cuenta es darle la bienvenida a todo.

Intenta aceptar la incertidumbre que sientes. Saludarla como a una invitada inesperada que aparece después de un largo viaje. Aprende a confiar en ti en el presente, incluso frente a lo desconocido. Practica este ejercicio experiencial para calmarte ante la incertidumbre.

EJERCICIO EXPERIENCIAL: CALMAR LA INCERTIDUMBRE A TRAVÉS DE LA RESPIRACIÓN Y EL TACTO

Antes de plantearte el nivel de incertidumbre de tu vida, dedica unos instantes a centrarte en la respiración.

Recita estas afirmaciones mientras inhalas hondo y exhalas completamente:

Inhala: me acepto aquí y ahora.

Exhala: suelto el impulso de disponer del control.

Inhala: me abro a la gratitud y a la posibilidad.

Exhala: suelto el miedo y el apego al resultado.

Respira hondo unas cuantas veces más, centrándote en el ritmo de la respiración.

Ahora, abrázate físicamente. Dobla los brazos alrededor de tu cuerpo, de tal manera que te resulte natural y cómoda. Puedes intentar cruzar los brazos sobre el estómago o justo debajo del pecho. Respira profundamente mientras te abrazas. Es posible que te sea cómodo ahuecar las manos alrededor de los costados.

Apoya las manos sobre los hombros o la parte superior del brazo, donde sea más natural. Imagina el tipo de abrazo que quieres de una buena amistad. Abrázate con suavidad y calma.

Aprieta los brazos lo suficiente para crear la sensación que buscas. Ofrécete un ligero masaje.

Siéntete libre de apoyar la mejilla en la mano u hombro, balancearte hacia delante y atrás y hacer cualquier ajuste que profundice el abrazo. Alarga el abrazo durante el tiempo que desees.

Recita en voz alta:

Estoy aquí.
Me quiero.
¡Realmente me amo!
Me abro a los misterios de mi vida.
Me dispongo a abrazar lo desconocido en mí y en mi mundo.
No necesito saberlo todo para avanzar, aprendo avanzando.

EN LA INCERTIDUMBRE EXISTE LA POSIBILIDAD

EJERCICIO PARA TU DIARIO

¿Qué expectativas debo desestimar para manejar mi malestar con lo desconocido?

....
....
....
....
....
....
....
....
....

¿Qué podría pasar con mi paisaje interior si aceptara la incertidumbre como si fuera un miembro de mi familia interior?

....
....
....
....
....
....
....
....
....

CONEXIÓN HUMANA: RELACIÓN CON TU SER Y CON EL RESTO

7

LA CONEXIÓN ES NECESARIA PARA LA VIDA

LA RELACIÓN CON LA PROPIA PERSONA

La conexión es necesaria para la vida.
La conexión con la propia persona es más profunda cuando se conecta con otras personas.
La conexión con otras personas es más profunda cuando se conecta con la propia.

La relación que mantienes contigo es, con mucho, la más larga e importante que puedes cultivar. También puede ser la más genial porque puedes dirigirla en cualquier dirección que elijas.

La relación contigo es el campo magnético que alimenta tu brújula interna. Sin esta relación, nos perdemos. Basamos las elecciones de vida en las necesidades y caprichos de otros. Nos perdemos la oportunidad de conocer nuestros verdaderos deseos.

Estar desconectados mucho tiempo no nos lleva muy lejos; nos estancamos y nuestras necesidades no se satisfacen. Cuando eso pasa, los sistemas corporales hablan a través de síntomas. Los síntomas, o sentimientos, de salud física y mental, se comunican constantemente. Aprender a entender lo que los síntomas comunican es medicina. El medicamento es simplemente hablar el lenguaje de tus síntomas y atenderlos en consecuencia.

Si aprendes a aceptar y estudiar tus síntomas como si fueran un invitado cansado, atenderás lo que hace falta para sanar la raíz del malestar.

REFLEXIONA SOBRE TUS SÍNTOMAS

1 Identifica los síntomas físicos y mentales más molestos e incómodos de las dos últimas semanas. Escríbelos:

....

....

....

....

....

....

2 Imagina que diriges un hostal con personal. Llega un huésped agotado con los síntomas que has escrito arriba.

....

....

....

....

....

....

3   Con los recursos de que dispones, ¿qué
    recomendaciones le harías? ¿Necesita una comida
    caliente, un vaso de agua y un buen descanso?
    ¿Necesita hielo para los golpes, vendas para las
    heridas, elevar los pies y dejar la carga?

....

....

....

....

....

....

4   Escribe tus recomendaciones para este viajero
    y presta atención a tus propios consejos en las
    próximas 24 horas.

....

....

....

....

....

....

No hace falta ser profesional de la medicina para
aconsejar a alguien que se cuide. En este caso, ese
alguien eres tú. Descansa con tranquilidad, cariño.

CONEXIÓN HUMANA: LAS RELACIONES CON OTROS SERES HUMANOS

Quiero destacar la importancia de sentir que nos ven y nos escuchan. Las emociones son respuestas físicas y neurológicas del cuerpo con un principio, fase media y final. La razón por la que buscamos terapia es porque nos sentimos desligados de las respuestas emocionales. Nos sentimos incapaces de cambiar nuestra respuesta al estrés, miedo o tristeza o irritabilidad crónicas, o desconexión, y no podemos resolver las emociones.

Las emociones son túneles por los que debemos pasar. Debemos sentir la emoción para que pase. Si no nos permitimos sentir los sentimientos, estos se atascan.

La terapia permite trabajar a través de los túneles emocionales con apoyo. Ofrecer seguridad para procesar emociones complejas o estrés crónico es la prioridad de la terapia. Los terapeutas poseen formación para sintonizar con las experiencias de dolor e incomodidad del cliente. Cuando vivimos con estrés y emoción no resueltos, se desgastan nuestra mente y cuerpo. Quedamos «atrapados en el túnel» cuando no somos capaces de sentir y liberar las emociones y volver a la seguridad y la conexión. Pregúntate: ¿Trabajo mi dolor o me quedo atrapado en el sufrimiento?

Somos capaces de calmarnos y volver a la conexión cuando nos ven y nos escuchan, lo que solo sucede a través de la conexión. Nos necesitamos para vivir, conectar y sentir. Necesitamos la ayuda de otras personas para sentir nuestro camino.

NOS NECESITAMOS: NADIE ES PRESCINDIBLE TE NECESITAMOS: NADA DE TI ES PRESCINDIBLE

Nos necesitamos. Yo te necesito tan desesperadamente como tú a mí. Ninguna parte de nuestro ser es mala, incorrecta o defectuosa. Todas las personas nos necesitamos; toda la complejidad, la singularidad individual y la diversidad son necesarias para establecer una comunidad. Nuestro mundo necesita tu voz y dones únicos, ninguna parte de tu ser puede quedarse fuera o atrás. En este viaje hacia los adentros y hacia lo que deseas otras personas te acompañan. La vida intencional es vida conectada. Conectar con nuestras relaciones y el mundo que nos rodea es más fácil cuando podemos conectar cómodamente con nuestro interior.

Cuanto más adentro, más acceso obtenemos al fuerte potencial curativo de la oscuridad, y más profundo es nuestro amor propio. Piensa en tu mundo interior como un refugio al que debes retirarte para hacer crecer tus alas. No hay libertad sin intención. No hay intención sin conexión

NO HAY LIBERTAD SIN INTENCIÓN

amorosa. Deja que tu curiosidad por la verdad te lleve a través de lo desconocido. Confía en que la energía de tu vida te sustentará, y la fuerza de la gravedad te mantendrá sobre la tierra.

Confía en que eres parte de algo grande. Confía en tu interconexión con todas las cosas y con todos los que te rodean. Confía en que estás aquí por una razón. Tal vez esta vida sea un regalo que se puede compartir. Confía en que este cóctel perfecto de biología + identidad + familia + experiencia vivida hace que tu vida sea única y especial y valga la pena vivirla.

Es responsabilidad nuestra sanar la relación con nuestro ser, desaprender patrones de miedo y aceptar nuestra dignidad a través de la conexión compasiva. Es nuestra responsabilidad arrastrarnos hacia lo desconocido, la oscuridad de nuestro mundo interior, y mirar hacia nuestras sombras. Al asumir la responsabilidad sobre cómo nos sentimos, sanamos. A medida que sanamos, nos liberamos del miedo. En libertad, podemos acceder a la autenticidad, la expansión, la paz, la creatividad...

Creo que sanar la relación con tu ser es un acto de resistencia colectiva. Hablando desde mi experiencia como una persona queer, trans, neurodivergente, reparar mi relación conmigo ha renovado mi capacidad de mostrarme de manera completa y empoderada a mis relaciones y mi comunidad. Sé que mi bienestar y mi liberación están inextricablemente ligados a la liberación de mis vecinos.

Los seres humanos se necesitan para sobrevivir. Las personas necesitamos relaciones sanas y completas. Las relaciones con el propio ser y los demás son necesidades de supervivencia. No olvidemos a nadie.

ACTIVIDAD SUGERIDA

¿Buscas conexión? Dirígete a una barbería o peluquería de tu barrio y córtate el pelo, o disfruta de un tratamiento en un salón de belleza o de manicura.

¿No te gusta este tipo de servicio personal? Visita una biblioteca, cafetería o librería. Te prometo que allí podrás contemplar la comunidad y la conexión humana.

PRACTICA EL AMOR Y DESAPRENDE MANERAS DE DESAMOR.

El amor es una corriente subterránea que siempre está presente. Practicar el amor es como practicar la gratitud, el disfrute, la aceptación, la conexión, la celebración y la diversión. Estas frecuencias solo necesitan ser sintonizadas, y las posibilidades son infinitas. Prometo que practicar el amor aumentará tu vibración y te ayudará a encontrar la armonía y el éxito.

PRACTICAR EL AMOR TE AYUDARÁ A ENCONTRAR LA ARMONÍA Y EL ÉXITO

¿Qué conexiones humanas y demostraciones de amor han elevado mi espíritu?

....
....
....

¿Qué relaciones me han herido o dañado?

....
....
....

A través de estas heridas, ¿qué aprendí sobre mí y mis necesidades relacionales?

....
....
....

¿Qué relaciones me han abierto a nuevas posibilidades y esperanzas?

....
....
....

ACTIVIDAD
CADENAS DE CARTAS DE AMOR

Cuesta describir la alegría que una carta escrita puede traer a alguien que anhela la conexión y que su voz sea escuchada.

¿A quién conoces que podría necesitar un poco de amor? ¿Una amistad que viva lejos? ¿Alguien del barrio a quien ves pasear al perro? ¿Alguien que necesita un recordatorio de tu cariño?

Escríbeles una carta de amor y envíala. O busca una persona nueva con quien cartearte.

Las cadenas de cartas son una forma sencilla de compartir el amor.

1   ¡Escribe la carta y exprésate!

2   Pídele a la persona destinataria que comparta este amor escribiendo otra carta.

3   Incluye una nota de seguimiento de envíos de cartas de amor antes de enviar la carta.

LA NECESIDAD DE TIEMPO, ESPACIO Y LUGAR PARA LA CONEXIÓN HUMANA

Los humanos precisamos espacio para conectar: el espacio es una combinación de tiempo y lugar.

La expansión de la tecnología, los móviles, internet y las redes sociales han aumentado la conexión humana. La conexión virtual y de larga distancia es una forma de conexión humana. No descartaré las conexiones en línea, en particular en la era digital, donde muchas personas necesitamos conectarnos a través de divisiones de tiempo, lugar y cultura para encontrar la unidad en nuestro aislamiento.

En un momento de pandemia continua, hemos soportado muchas plagas que perpetúan el aislamiento y la soledad. Los espacios necesarios para la conexión, la reposición y la reunión se han limitado o se han perdido en la necesidad de cuarentena y las limitaciones a las reuniones en persona debido al riesgo para la salud pública.

Aun así, la realidad es que la humanidad requiere esta Tierra para conectarse, y esta necesidad no desaparece porque estemos en tiempos de plaga. Seguimos necesitando espacio. Seguimos necesitando tiempo en lugares compartidos.

Aún nos necesitamos. Aún necesitamos espacios para reunirnos y conectarnos. Aún necesitamos comunidad y lugares para ser uno mismo en grupo.

Necesitamos espacios para la creación de significado, la reflexión y el procesamiento. Necesitamos arte, cultura, unión, ritual. Necesitamos espacios de sanación. Lugares para reunirse y sentir. Lugares para intercambiar energía con semejantes. Lugares para la unión en espíritu.

Nuestro bienestar colectivo requiere la preservación de los espacios donde las personas se reúnen para sentir y existir juntas.

En estos tiempos de enfermedad física y dolencia espiritual, abunda el aislamiento.

Con el fin de desarrollarnos, precisamos lugares para:

• La celebración.

• El recuerdo.

• La unión.

• La conexión.

• La reparación.

• La transformación.

• El cuidado.

¿Dónde hallas tiempo y espacio para conectar de verdad?

EL PORTAL HACIA TU INTERIOR: LA GRIETA POR DONDE ENTRA LA LUZ

8

Todas las personas poseen un espíritu. En esta Tierra, todas contamos con un campo de energía espiritual, emocional y basado en la curación que puede ser dañado por nuestras conexiones. La conexión humana es una necesidad vital. La conexión puede ser tanto un espacio de dolor como de amor. No hay sufrimiento sin conexión y no hay conexión sin sufrimiento. Sin barro, no crece el loto.

Para encontrar el lirio entre los cardos, debemos hallar un portal hacia dentro. Es el resquicio por donde se filtra la luz. El portal hacia dentro suele ser una herida o lesión relacional. No son problemas; son portales por los que viajar para sanar.

No conozco a nadie que sane sin hablar de sus relaciones consigo y con otras personas. Las relaciones son la fuente de gran parte de nuestro sufrimiento. El sufrimiento nos permite saber que estamos conectados y vivos. El mejor regalo para cualquier persona que ame es mi presencia y el espacio para que sufra. Mi ofrecimiento de presencia y espacio sirve como un portal interno para mis clientes y personas queridas.

TODAS LAS PERSONAS POSEEN UN ESPÍRITU

Thich Nhat Hanh propone 4 afirmaciones para comunicar la verdadera presencia:

1   Mi amor, me tienes aquí.

2   Sé que estás junto a mí, y estoy muy feliz.

3   Cariño, sé que sufres. Por eso me tienes aquí.

4   Cariño, estoy sufriendo. Por favor, ayúdame.

Hay poder curativo en el sufrimiento. Hay potencial mágico en la oscuridad. Hay valor para el sufrimiento en conexión. Hay una profunda necesidad de movernos hacia dentro para la transformación. Mirarnos las heridas y nuestras sombras y ofrecer presencia. No nos convertimos en mariposa sin más. Debemos tejer un capullo donde soltar cosas y descansar, y ese capullo es un espacio generativo para renacer. Este es el trabajo que propone el presente libro. Debes moverte hacia dentro, en tu propia oscuridad interior, para aclarar lo que necesitas transformar de tu vida. Tienes que mirar hacia dentro, y ofrecer presencia y espacio para sufrir. Debes sentir tu dolor, sacar a la luz tus heridas, tomarte el tiempo y el espacio para desprenderte y llorar. Solo entonces eres capaz de imaginar una vida nueva. Solo entonces puedes desplegar las alas y dirigirte hacia lo que deseas.

MI PORTAL AL INTERIOR, MI HERIDA ESPIRITUAL

«¿Cuáles son tus intenciones especiales?» Puede que esta parezca una pregunta rara para hacerla en la infancia, pero es algo que a mí me preguntaban cada día mientras crecía.

Cada noche, antes de acostarme, me reunía con mi familia. Mis tres hermanas, mis padres y yo orábamos en grupo. Mi padre preguntaba: «¿A qué dedicaréis la oración?», y hacíamos una pausa para identificar nuestras intenciones. Individualmente, enumerábamos las intenciones de nuestras oraciones, y luego rezábamos.

En la infancia, mi respuesta a esta pregunta cambiaba cada noche, dependiendo de mis necesidades. Las intenciones que establecía podrían ser algo así:

«Mis intenciones especiales son para las personas afectadas por el último huracán y cualquiera que esté sin hogar esta noche. Quiero orar para que el abuelo se recupere pronto y para que mi familia y amistades estén felices y saludables. Me preocupa el examen de esta semana, así que quiero orar para mantener la confianza mientras estudio.»

Estas eran mis oraciones especiales, los mensajes que quería elevar a Dios.

Nací en una familia católica devota de seis, involucrada en la parroquia local. Mi madre y mi padre tuvieron a mi hermana mayor solo 18 meses antes de que naciéramos mi hermana gemela y yo. Cuatro años más tarde, mi hermana menor se unió a la familia Sullivan.

Mi padre y madre son personas amables y cariñosas. Mi madre me ha enseñado la profundidad de su fe, y mi padre es un hombre generoso y fantástico que escucha. Nunca me trataron mal ni me descuidaron. Incluso durante mi difícil transición a la edad adulta, sabía que podía confiar en mi familia como red de seguridad para minimizar cualquier contratiempo. Independientemente de nuestras diferencias políticas y de creencias, podía obtener ayuda de mi familia durante episodios de enfermedad, crisis de vivienda, pérdida de empleo o muerte de una persona querida. Mi padre y madre me recogieron cuando caía, y fueron el andamio que me permitió alcanzar nuevas alturas. Siento un enorme agradecimiento por haber gozado de tanta fortuna. Disfruto del privilegio de una familia buena y cariñosa, pero sé que no se trata de una experiencia universal.

A mí y a mis hermanas nos enseñaron autocontrol y disciplina. Comprendíamos lo que estaba «bien» y «mal» en términos de comportamiento y comunicación, y nos ayudaron a aprender de nuestros errores. Al crecer a lo largo de la infancia y como personas jóvenes adultas, desarrollamos nuestro sentido de autodisciplina. Eso y la capacidad de hablar el lenguaje de nuestras necesidades eran la base de nuestra libertad individual.

CRECER CON FE

Formábamos una bonita familia católica.
Seguimos formando una bonita familia diversa.

A medida que crecíamos, nos individualizamos. Mi
familia se volvió más diversa a medida que encajábamos
en las verdades individuales. Nos despojamos de
ciertas identidades y recogimos diferentes formas
de entendernos. Nuestras creencias y perspectivas
cambiaron. Todavía están cambiando, moldeadas por
nuestra verdad. Moldeadas por nuestras vidas.

Todas las noches, recitábamos el padrenuestro, el
avemaría y el gloria. La riqueza y belleza de este ritual
de oración impregnó nuestra vida diaria. Orábamos
antes de cada comida, y en la escuela comenzábamos
cada clase con una oración, que era una parte de mi
rutina. Satisfizo muchas de mis necesidades. Mi familia
se reunía todas las noches y establecía intenciones.

Incluso cuando la cultura de la Iglesia católica comenzó
a herirme más que a amarme, en la oración hallé apoyo,
conexión, significado. Creo que la intención está en
la raíz de la oración. Así que replegarme para buscar
guía, luz y propósito en un mundo que me acusaba de
pecado devino una forma natural de sobrevivir.

Existir como persona visiblemente queer en muchas
tradiciones cristianas evangélicas significa exponerse
al trauma insidioso del estrés de las minorías. Por eso
la identidad de tantas personas LGBTQIA+ tardan en
florecer. Nos replegamos para sobrevivir.

Aprendemos temprano que la verdadera autoexpresión es peligrosa, y nos aislamos de las verdades que suponen una amenaza a nuestra supervivencia. Es fácil imaginar que una persona educada en la fe católica que sea queer se sienta herida y sufra ostracismo por parte de su religión y comunidad de seguidores incluso antes de descubrir que es queer.

Mi trauma religioso alberga algunas de mis heridas más profundas. Es el portal más potente a mi interior, el espacio interior más fértil para plantar semillas de esperanza y justicia restaurativa. Muchas personas queer sufren trauma espiritual en su cuerpo; hay miedo, confusión, disforia y rabia. Lamento los años que perdí odiándome, sin ver nada más que oscuridad y pecado en el espejo. Lamento mi pérdida de fe, mi pérdida de conexión con la divinidad. Lloro por mis semejantes queer, trans y personas no binarias que han sufrido daños psicológicos debido a mensajes, comunidades y experiencias religiosas.

Pero la buena noticia es que la espiritualidad adaptativa es hermosa. Algunos de mis rituales más poderosos emergen solo en las sombras. Muchas de las personas queer que conozco que se están curando del borrado espiritual, el estrés de las minorías y el trauma psicológico han surgido con una fe más matizada, interseccional e integradora.

Todavía hay bondad, mira en la oscuridad y compruébalo.

¿HAS HALLADO ALGÚN PORTAL HACIA TU INTERIOR?

EJERCICIO PARA TU DIARIO

• ¿Qué rituales y prácticas útiles te ayudaron
a sobrevivir o a sobrellevar tu educación?

....
....
....
....

• ¿Hubo alguna amenaza que te hiciera retrasar la
autoexpresión o moverte hacia tu interior para
sobrevivir?

....
....
....
....

• ¿Has hallado algún portal hacia tu interior? ¿Qué
heridas te sientes con disposición a superar para
sanar tu espíritu?

....
....
....
....

ENCONTRAR TU PORTAL HACIA EL INTERIOR

¿Cómo te pones en contacto con tu espíritu?

Mi respuesta: encuentra la manera de convivir con los misterios de tu vida.

Cuando me preguntan cómo podemos conectarnos con el espíritu, la respuesta más simple que se me ocurre proviene de mi experiencia. Durante mucho tiempo después de dejar de practicar el catolicismo, continué sentándome en silencio y meditando sobre los misterios de mi propia vida. Llamé meditación a lo que estaba haciendo.

Encontrar el portal hacia el interior requiere buscar la divinidad sagrada de nuestro interior.

Te prometo que, si te sientas en silencio el tiempo suficiente, los misterios vendrán a ti.

¿Qué es lo que más necesita tu espíritu en este momento de tu sanación?

....

....

....

Formas en que conecto con mi espíritu o energía vital:

....

....

Ejemplos:

• Silencio.

• Meditación.

• Respiración.

• Oración.

• Música.

• Escribir un diario.

• Movimiento.

• Naturaleza.

• Conexión.

• Sonido.

• Experiencia.

• Danza.

QUE EL AMOR REPROGRAME TU BRÚJULA INTERIOR

Como persona adulta queer emergente en comunidades católicas conservadoras, me expuse a un marcado contraste. Mi brújula interior giraba con preguntas personales y morales para las cuales no tenía respuesta. Mis polos norte y sur, antes fiables, comenzaron a desdibujarse. Descubrir mis necesidades, mis deseos y mi objetivo se volvió más difícil, y comencé a cuestionarme quién era.

Mi tendencia queer, mi género y mi sexualidad eran algo tan vago y borroso que ni siquiera sabía lo que era. Tuve que trabajar mi propia negación de estos sentimientos durante años, pero a los dieciséis alguien llamó mi atención en el pasillo del instituto.

Esta persona no era un hombre. No solo eso, ¡sino que en realidad parecía que yo le interesaba! Y, oh no, ¿podría estar coqueteando conmigo? Señal de pánico gay.

Me había enamorado; ¿por qué lo sentí como una crisis de identidad?

Cuando pienso en el paisaje del colegio y la absoluta falta de visibilidad y espacios para la seguridad LGBTQ, el pánico adquiere sentido.

MI BRÚJULA INTERIOR DABA VUELTAS

ME FIJÉ EL PROPÓSITO DE NO MENTIRME

Me enterneces tanto, Dani estudiante. Querría decirle a esa Dani estudiante: «El amor es algo bueno. El amor homosexual puede ser mágico. Pero busca seguridad, cariño, el camino hacia tu verdad es largo y complicado. No necesitas apresurarte ni saber cómo va todo».

¿Quién hubiera pensado que un amor escolar traería tanto dolor y conflicto? Lo único que me ayudó a anclarme en un lugar de esperanza fue la intención. Sabía que mi brújula interior continuaría girando a menos que restableciera mi objetivo. ¿Era más importante para mí abrirme al amor o cumplir con las normas culturales?

Me fijé el propósito de mantener mi corazón abierto al amor, sin importar las consecuencias.

Me fijé el propósito de no mentirme, de sincerarme conmigo al máximo.

Le dije a mi corazón aterrorizado: «Está bien querer lo que quieres».

EJERCICIO PARA TU DIARIO

- ¿Cómo ha cambiado tu perspectiva de vida enamorarte de algo o de alguien?

....

....

- ¿El amor, el deseo o el anhelo de algo diferente han variado alguna vez el curso de tu vida? ¿Cómo dejarías que el amor restablezca tu brújula interior?

....

....

LA TORRE

SE DESMORONA

LA TORRE SE DESMORONA PARA DEJAR ENTRAR LUZ

La carta del tarot de la torre simboliza el cambio repentino, la destrucción, el caos y el despertar. Es una imagen que ayuda a entender la destrucción que se necesita para la transformación. La torre que se desmorona simboliza el derribo de estructuras dañinas o falsas percepciones.

La torre es un símbolo de poder y me recuerda las narrativas dominantes que dirigen nuestra mente y nuestro mundo. En la carta del tarot, la torre recibe el impacto de un rayo y muestra una repentina consciencia y destrucción de la ignorancia. Simboliza una revelación o una nueva verdad que da un giro a tu vida.

Además de enamorarme, otro rayo vino a resquebrajar mi fe cuando era adolescente: perdí a una abuela por suicidio. Esto hizo que lo cuestionara todo y me sumió en el caos. Yo y mi familia no estábamos preparados para lo que se avecinaba. Era como si la torre que había estado levantando y en la que había estado viviendo durante dieciséis años se hubiera derrumbado. La Tierra se abrió bajo mis pies y amenazó con tragarme. En mi interior todas mis emociones se sumían en la vorágine.

Este dolor reinició mi vida. Permitirme sentir la profundidad de esta pérdida y realmente dejar que afectara mi corazón cambió el curso de mi vida. Cualquier experiencia trascendental te obligará a reevaluar tu brújula interior. Dejar que estas experiencias nos cambien, que ablanden nuestros corazones, es la lección más valiosa del amor.

Deja que tu dolor, tu sufrimiento y tus pérdidas te abran. Deja que derriben todo lo que pensabas que sabías sobre la vida y la muerte. Está bien tardar toda una vida en construir algo nuevo. La torre se desmorona para dejar entrar la luz.

Más de una década después, mi familia todavía se esfuerza para reconstruir nuestras vidas a raíz de una pérdida tan profunda. Para mi familia, aprender a llorar tenía que ser algo que hiciéramos en conjunto tanto como por nuestra cuenta.

El misterio de la muerte de mi abuela nunca se resolvió. Todavía lamento su pérdida y lidio con la verdad sobre lo que sucedió. El dolor es la forma en que continúo guardándola en el corazón, y no pretendo resolver el misterio. A veces el misterio es lo que genera la luz. No saber, no poder llegar a ninguna conclusión a la que agarrarme me permitió continuar observando mis heridas con amor. Deja que tus heridas más profundas sean portales por los que lleves a tu familia interior con amor.

QUE TU DOLOR Y SUFRIMIENTO TE ABRAN

EJERCICIO PARA TU DIARIO

• ¿Qué aprendiste sobre el dolor, la muerte y la pena a través de la experiencia colectiva de tu familia?

....

....

....

• ¿Tuviste que alejarte de tu familia de origen para aprender más sobre ti?

....

....

....

• ¿Qué comprensión repentina ha sido rompedora pero ha llevado la transformación a tu vida?

....

....

....

• ¿Qué te ayudó a superar las dificultades y lidiar con el cambio?

....

....

....

¿QUÉ TE AYUDÓ A SUPERAR LAS DIFICULTADES Y LIDIAR CON EL CAMBIO?

EL DUELO
COMO MEDICINA

9

QUERÍA RESPUESTAS A TODOS LOS MISTERIOS

MAGIA PARA UN CORAZÓN EN BÚSQUEDA

Cuando mi vida se puso patas arriba a causa de la pérdida y del amor, necesitaba respuestas. Mi salud mental comenzó a deteriorarse y luché contra la depresión, la ansiedad severa y los ataques de pánico. Quería respuestas a todos los misterios y certezas cuando no hallaba ninguna en mi trauma.

Leía cualquier texto espiritual que caía en mis manos, independientemente de la tradición o el origen. Mi parte favorita de la investigación religiosa es hallar hilos de verdad y de coincidencia tejidos a través de cada tradición o experiencia religiosa. Acudí a la universidad en Chicago. Mientras estudiaba en Loyola, me especialicé en Abogacía y Cambio Social en la Escuela de Comunicación. Concentré mis estudios en la paz y el conflicto en entornos interreligiosos. Trabajé media década para la ONG Justicia Interreligiosa del Trabajador predicando la verdad de que «todas las religiones creen en la justicia». Me sumergí en el aprendizaje de la filosofía y las enseñanzas budistas, el yoga y las tradiciones ayurvédicas, la investigación del conflicto interreligioso y la colaboración, la búsqueda de mis raíces como bruja verde, la inclinación hacia la magia de la Tierra y la astrología, la investigación de la fe bahá'í a través de la etnografía y el aprendizaje sobre prácticas espirituales del mundo.

¿Por qué investigaba la tradición religiosa y la pacificación interreligiosa? ¿Por qué me obsesionaban los conflictos y la guerra en el nombre de Dios? ¿Qué buscaba realmente? Respuestas a preguntas que mi corazón se hacía, pero para las que no encontraba palabras. Buscaba mi verdad, mi norte interior. Sabía lo que mi familia quería que creyera. Sabía lo que querían que creyera quienes me formaban, pero ¿qué era realmente verdad para mí?

El silencio de mi interior, la falta de respuestas, era aterrador. Si no quería sentir el miedo de no saber, debía seguir buscando.

La intensa investigación espiritual y el cuestionamiento casi constante de mis creencias me ayudaron a enfrentarme al cambio y la incertidumbre desde mi adolescencia hasta los veintitantos años. Mi investigación sació el deseo de control y significado y me ayudó a lidiar con la pérdida de mi familia y mi propia herida espiritual. En muchos textos religiosos y prácticas espirituales, encontré mi camino a través de la oscuridad y el dolor.

Estas inmersiones intelectuales y espirituales me permitieron nadar a mayor profundidad de mi propio océano interior. En mi exploración, me di cuenta de que todo momento oscuro guarda el potencial de cambio.

El duelo es dolor + amor. Si sufres y todo te recuerda tu pérdida, debes saber que este dolor es evidencia de amor. Deja que duela, deja que cure. Una persona no es humana sin los episodios de pérdida, y el dolor nos enseña lo que amamos.

El dolor es medicina: avanzamos a través de él y sanamos. Si te resistes a que te afecte tu dolor, el cuerpo se aferrará al miedo y la constricción. La resistencia al dolor es traumática para cuerpo, espíritu y relaciones. Comprenderlo y experimentarlo es el antídoto contra el trauma.

El dolor sana nuestras pérdidas con intención. El dolor es la forma en que las personas vivas continúan honrando a las muertas.

Las personas con un trauma religioso necesitan amor. Las personas con heridas psicológicas necesitan magia. Las personas con un pérdida espiritual necesitan entender que la vida y la muerte siguen ahí.

La vida sigue siendo sagrada y frágil. La vida y la muerte nos sostienen con amor. Son fuerzas humanas y naturales y constituyen gran parte de lo que vinimos a experimentar. La vida y la muerte experimentadas con amor son magnas maestras.

El duelo es una medicina delicada y gentil. El dolor es el amor que necesitamos, la magia que une la vida y la muerte. Una experiencia emocional encarnada compleja que requiere nuestra atención. El dolor no es la herida, sino la medicina que cura.

El dolor es algo que necesitamos experimentar, no algo en lo que podamos pensar, debemos sentirlo realmente. Esto es algo que la fe católica me dio: espacios y prácticas para acceder al duelo. El duelo puede ser ritualizado; se puede celebrar. Hay maneras de dedicarle tiempo y espacio, sentir el dolor y movernos a través de las diferentes expresiones de nuestra pérdida:

• Enciende una vela y toca o canta una canción que te ayude a recordar.

• Mira fotos, haz un collage o álbum de recortes honrando tus pérdidas.

• Comparte historias, reflexiona, escribe un diario y rememora.

EL DUELO PUEDE RITUALIZARSE Y CELEBRARSE

EJERCICIO PARA TU DIARIO

• ¿Cómo procesaban tu familia y tu cultura la pérdida y honraban la muerte y el duelo?

....
....
....
....
....

• ¿Qué prácticas te han ayudado a recordar lo que amas?

....
....
....
....
....

• ¿Cómo has aprendido a cuidar tu cuerpo, mente y espíritu a raíz de la pérdida y el cambio?

....
....
....
....
....

HALLAR ESPERANZA EN EL MISTERIO

10

APRENDE EL ARTE SAGRADO DE LA ESPERANZA

Mi corazón vibra con el misterio de estar con vida. A veces, estos misterios son difíciles de aceptar y la oscuridad abunda. Debemos aprender el arte sagrado de la esperanza, observando nuestras preguntas e incertidumbres en busca de luz, inspiración y sabiduría.

Siempre me ha apasionado descubrir las fuerzas invisibles que dan forma a nuestro mundo. Siempre he encontrado magia, incluso Dios, en la naturaleza y en la conexión. Creo que eso se debe a que muchas de las barreras a la divinidad fueron eliminadas para mí y Dios se me hizo accesible a través de mi familia, mi entorno familiar, las escuelas a las que asistí y las personas a mi alrededor que me mostraron amor.

Esta esperanza es un privilegio que tengo gracias a mis ancestros, algo inmerecido, un regalo. Me beneficié enormemente de la fe y las tradiciones de quienes me precedieron. Mi familia me enseñó oraciones, como guiones para aprender a hablar con Dios. Aprendí a conectarme con lo sagrado que hay en mí y a mi alrededor, cada vez que establecía una intención.

Estamos capacitados para encontrar esperanza y conectar con fuentes de divinidad, magia y la vida misma. Toda persona puede acceder a la bondad, la esperanza y la luz.

Después de ser testigo y haber cuidado de mi propia herida espiritual, quiero compartir una historia de mi reciente regreso a la oración.

LOS MISTERIOS GOZOSOS

Tengo veintisiete años, le doy la mano a mi esposa, Alexa, en el último día de nuestra luna de miel. Nos sentamos frente a un fuego que encendí en un viaje de una semana a Tully Pond, un pequeño lago al pie de Tully Mountain, en la zona rural de Orange, Massachusetts. Queríamos pasar nuestra luna de miel en la naturaleza, entre los colores de las hojas otoñales. La tarde anterior, habíamos recogido manzanas y Alexa había preparado tortitas para desayunar junto al fuego nuestra última mañana. Acabábamos de cargar el coche de alquiler y, junto al fuego, estábamos esperando que llegara la hora de dejar el hotel.

Mi esposa se crio en una familia judía con raíces en Brooklyn, Nueva York, y Georgia. Acabábamos de casarnos junto al océano Atlántico y celebrarlo en el patio de mi familia con nuestras familias y amistades más cercanas.

Le pregunté a mi esposa si estaría dispuesta a rezar el rosario conmigo. Ella respondió: «Eso me haría feliz, pero nunca lo he rezado». Le dije que estaba en buena compañía y que también yo hacía tiempo que no rezaba.

Mi relación con la oración, la espiritualidad y el ritual ha cambiado desde mis días de secundaria. Recuerdo quedar con mis tres hermanas y mi madre fuera de la capilla antes de la escuela para rezar el rosario.

Nos juntábamos alrededor de una figura de la Virgen y expresábamos nuestras intenciones directamente a la madre de Jesús. El rosario contiene muchas oraciones y seguir las cuentas durante una ronda requiere recitar más de 65 oraciones. Esta poderosa ofrenda toma unos 20 minutos de rezo mientras se medita sobre los misterios de la vida de Jesús.

Con un rosario comprado en mi adolescencia en un viaje al Vaticano, mi esposa y yo unimos las manos. Había tanta energía que se me quedó atrapada en la garganta y se me llenaron los ojos de lágrimas. Nunca pensé que volvería a rezar el rosario. Temía haber perdido el contacto, por el enojo y el rechazo que sentí por la Iglesia durante años. Mi espíritu estaba herido: ¿por qué quería sentarme con mi esposa y rezar esta oración junto a una fogata?

La vida es misteriosa y nuestro amor era muy nuevo. Necesitaba honrar esta transición de la independencia a la unión recordando mi conexión con la vida y la muerte. Recordé mi portal hacia dentro y retrocedí hacia una tradición de fe que me había herido. Esta vez, tenía una nueva forma de ser; esta vez, sabía la verdad: que estaba bien conectarme con la divinidad, si así lo decidía.

Imaginé a mi yo del instituto uniéndose a mi esposa y a mí junto al fuego. Le hice un hueco a esta versión más joven de mi ser para que se sentara a mi lado. Un sitio para que fuera testigo de mi regreso a la oración.

Frente al lago de Tully, mis dedos jugaban con las cuentas del rosario y mi voz temblaba con el frío de la mañana. Oramos mientras meditábamos sobre los misterios gozosos.

Junto a mi esposa. Con tres capas de suéteres y compartiendo una manta delante del fuego. El aire fresco estaba en calma. Sin respuestas, solo preguntas.

Establecimos intenciones para nuestro amor y rezamos.

INTENCIONES PARA

NUESTRO AMOR

EJERCICIO PARA TU DIARIO

• ¿Cómo has aprendido a abrazar la alegría entre el misterio y la incertidumbre?

....

....

• ¿Qué intenciones te gustaría llevar adelante?

....

....

¿Y SI NOS CENTRAMOS EN LA ESPERANZA?

A FAVOR DE LA ESPERANZA

¿Qué pasaría si nos centráramos en la esperanza?

¿Qué pasaría si dedicáramos el mismo tiempo a imaginar un futuro positivo que a preocuparnos por lo desconocido?

Hay esperanza. Cabe tener esperanza.

La esperanza reside aquí, en el presente.

La esperanza es una práctica.

Si no eres espiritual o cuentas con poca experiencia con la oración, pero quieres elevar tu espíritu y sentirte mejor, practica la esperanza.

La esperanza es una acción. Requiere conectar con nuestros deseos.

La esperanza es reinventar nuestro camino.

La esperanza es conexión con el deseo; es la intención en acción.

La esperanza es una práctica que ayuda a orientar tu brújula interior.

La esperanza es un sentimiento. No puedes practicarla sin sentir.

Sentir el anhelo y la ilusión y la alegría de esperar simplemente lo mejor para ti, tu familia, tu mundo. La esperanza requiere que experimentemos el deseo.

La esperanza consiste en ser testigo de los propios sueños, sentirlos de verdad, antes de su realización.

La esperanza es un poderoso ejercicio de confianza en ti.

Deja que te pregunte de nuevo, ¿qué es lo peor que puede suceder si te centras en la esperanza? ¿Qué podría pasar si antes de activar el móvil por la mañana dedicas 60 segundos a pensar lo que esperas del día?

Yo trato de vivir con la menor urgencia posible, y te insto encarecidamente a que busques esperanza en tu vida. Es una práctica vital que el mundo necesita adoptar.

Busca esperanza imaginando un futuro con un 5 por ciento más de facilidad, un 2 por ciento más de conexión, un 1 por ciento más de intención.

No tienes que dar un giro radical a tu vida para encontrar lo bueno. Es posible que solo baste con abrir los ojos o cambiar de punto de vista. No necesitas encontrar un cien por cien más de amor para sentirte bien.

¿Cómo sería tu vida con solo un 1 por ciento más de amor? ¿Cómo te sentirías? ¿Qué camino tomarías?

Te prometo que buscar esperanza no precisará que cambies drásticamente ni busques mucho tiempo. Las ganancias y los pequeños cambios se acumulan.

Es fácil caer en la desesperación, y no tiene fin.

La esperanza es fácil de encontrar, y tampoco tiene fin.

La posibilidad de cambio es real. La gente sana todo el tiempo. La gente mejora. Hay esperanza para cada persona.

LA ESPERANZA ES UN PODEROSO EJERCICIO DE AUTOCONFIANZA

CARTA DE INTENCIÓN PARA LA ESPERANZA

Cuando termines tu viaje con este texto, escríbete
una carta para leer la próxima vez que busques
significado. Escribe a tu yo futuro, compartiendo
tus esperanzas. Comparte con detalles coloridos
exactamente lo que imaginas. Describe las conexiones
que harás y las experiencias para las que estarás
presente.

....
....
....
....
....
....
....
....
....
....
....
....
....
....
....
....
....
....
....

....
....
....
....
....
....
....
....
....
....
....
....
....

Establece intenciones claras y sinceras para ti, tu vida,
tu mundo. Confía en ti para traer estas esperanzas a
tu mundo.

Espero que este libro te ayude con los misterios que
cargas. Muchas gracias por tu trabajo, aquí, en ti.
Gracias por establecer intenciones esperanzadoras
y convertir la oscuridad en luz. Me alegra mucho que
existas.

Mucho amor para ti,

DANI SULLIVAN

LECTURAS RECOMENDADAS

Sobre la autocuración y el cuidado colectivo

• Artículos de autocuración y recursos para fijar intenciones (en inglés) de Dani Sullivan en: **intentionstherapy.com**

• *Rest Is Resistance: A Manifesto*, de Tricia Hersey (fundadora de The Nap Ministry)

• *Pleasure Activism*, de Adrienne Marie Brown

• *Palabras para sanar*, de Rupi Kaur

• *Indomable*, de Glennon Doyle (y el podcast *We Can Do Hard Things*)

• *No hay partes malas*, de Richard Schwartz

• *Fucking Magic*, de Clementine Morrigan (y el *Fucking Cancelled Podcast*)

• *Lessons in Liberation: An Abolitionist Toolkit for Educators*, de Bettina L. Love, Jay Gillen y Mariame Kaba

Sobre espiritualidad

• *Sin barro no crece el loto*, de Tich Naht Hahn

• *Aquí ahora*, de Baba Ram Dass (y el documental Going Home)

• *Todos los hombres son hermanos*, de Mahatma Gandhi

• *Cuando las mujeres fueron pájaros*, de Terry Tempest Williams

• *Sin perdón no hay futuro*, de Desmond Tutu

• *El ritmo de la vida*, de Matthew Kelly

• *La bruja verde*, de Arin Murphy-Hiscock

• *Aceptación radical*, de Tara Brach

Sobre género y la experiencia queer

- *Beyond the Gender Binary*, de Alok V. Menon
- *El género en disputa*, de Judith Butler
- *Hermana otra*, de Audre Lorde
- *Todo sobre el amor*, de Bell Hooks
- *Tal como eres*, de Emily Nagoski
- Podcast: *Living in this Queer Body*, de Asher Pandjiris

Sobre neurodiversidad y salud mental

- *NeuroQueer Heresies*, de Nick Walker
- *Unmasking Autism, Laziness Does Not Exist*, de Devon Price
- La colección *Really Strange Boxset*, de Steve Haines, explora la ansiedad, el trauma, el dolor y el tacto
- *Demystifying Disability*, de Emily Ladau
- Neurodivergent Friendly Workbook of DBT Skills, de Sonny Jane Wise
- *Supporting Transgender and Autistic Youth and Adults*, de Finn Gratton, LMFT

Mis libros y herramientas favoritos

- *Curación ayurveda*, de Vasant Lad
- *Has nacido para esto*, de Chani Nicholas y CHANI Astrology App
- *Queer Tarot. An Inclusive Deck and Guidebook*, de Ashley Molesso y Chess Needham
- *Los dones de la imperfección, Atlas of the Heart, Dare to Lead*, de Brenee Brown (y el podcast *Unlocking Us*)
- Observación de aves para tu salud mental: aplicación E-Birds, de Cornell Lab of Ornithology
- Meditaciones guiadas de Headspace, Calm y tarabrach.com